유튜브로 인생 역전

▶ 당신은 왜 아직도 유튜버가 아닌가? ▶

YouTube 유튜브로 인생 역전

▶ **김용주** 지음

RADIO BOOK

작가의 말

작년 여름이었다. 다이아 TV가 주최한 '다이아 페스티벌'을 취재하기 위해 고척 스카이돔 야구장을 찾았다가 입을 다물지 못했다. 정말이다. 그렇게 사람이 많을 줄 몰랐다. 유튜브 크리에이터를 보려고 사람들이 야구장을 가득 메울 줄은 상상도 하지 못했다. '야구장이 얼마나 넓은데 거길 다 채우겠어?' 고척돔에 도착하기 전까지만 해도 이런 생각을 하고 있었다. 잘해야 한구석을 빌렸을 거라고 생각했다. 예상은 보기 좋게 빗나갔다. 사람들은 사인을 받기 위해 줄을 길게 늘어섰고 쇼케이스를 보려고 무대 앞을 가득 메웠다. 엄마, 아빠와 함께 온 어린아이와 10대, 20대로 보이는 관중들은 게임, 뷰티, 키즈 등 자신이 좋아하는 크리에이터의 말 한마디, 몸짓 하나에 열광했다. 나로서는 어리둥절한 광경이 아닐 수 없었다. '연예인도 아닌데 어떻게 저럴 수 있지?' 무대에 등장한 크리에이터 가운데 아는 사람이 한 명도 없었으니 관중들의 호응이 낯설게 느껴지는 것도 무리가 아니었다. 아이돌 이름도 모르는 '아재'가 된지 오래인데, 어떻게 크리에이터를 알겠느냐며 스스로를 위로하는 수밖에 없었다. 그날 한 가지는 분명하게 깨달을 수 있었다. 세상이 바뀌었다는 것을.

이날의 경험은 나의 생각을 완전히 바꿔놓았다. '유튜브는 아이들이나 보는 방송'이라는 고정관념을 버렸다. 통신방송 전문 기자로 일하면서 지상파 방송과 유료방송만 방송이라고 여기던 '생각의 틀'을 나부터 깨부쉈다. '개미' 같은 1인 미디어가 '공룡' 같은 전통 미디어 산업을 야금야금 파먹어 들어가는 광경을 흥미롭게 지켜보기 시작한 것도 이즈음부터다.

무엇보다 유튜브 크리에이터에게 관심을 갖기 시작했다. 유튜브 크리에이터야말로 새로운 사회 현상이다. 그전까지도 한국에 1인 미디어가 존재했으나 영향력은 크지 않았다. 그러다 어느 순간 크리에이터가 유튜브로 몰리기 시작했고, 사람들은 연예인을 대하듯 크리에이터에게 열광했다. 그전에는 크리에이터를 바라보는 사회적 시선이 곱지 않았는데, 언젠가부터 '선망의 대상'이 됐다. 초등학생 대상 설문조사에서 '유튜버'가 인기 직종으로 뽑혔다는 뉴스가 이 같은 사실을 잘 보여준다. 대체 몇 년 사이 무슨 일이 벌어졌던 것일까. 그들은 어떻게 사회적 인식을 바꾼 것일까. 쉽게 말해 '유튜브 크리에이터의 성공 비결은 무엇인가?'

이런 문제의식을 가지고 유튜브 크리에이터 16명을 심층 인터뷰했다.

성별, 나이, 지역, 배경이 모두 다른 그들은 적게는 수십만에서 많게는 300만이 넘는 구독자를 모으며 '인생 역전'을 이룬 사람들이다. 대학 진학을 포기하고 크리에이터를 직업으로 삼은 사람부터 학원 강사를 그만두고 늦은 나이에 뛰어들어 성공을 일군 사람도 있다. 낮에는 직장을 다니고 밤에 방송을 켜는 사람이 있는가 하면, 과감하게 직장을 그만두고 유튜브에 '승부수'를 던진 사람도 있다. 대개는 생활이 어려웠고, 인생의 길이 보이지 않던 사람들이었다. 그들은 유튜브에서 한 줄기 빛을 찾았고, 그 기회를 놓치지 않았다.

이 책은 성공한 유튜브 크리에이터 16인의 노하우를 담았다. 유튜브를 시작한 배경부터 촬영·편집 방법, 구독자를 늘리는 노하우, 아이디어를 얻는 방법, 슬럼프 극복기, 악플 대처법, 1인 미디어 산업 전망 등 크리에이터가 반드시 알아야 할 실용 정보가 가득하다. 지금까지 나온 유튜브 관련 서적이 기술적 설명에 치우친 반면, 이 책은 성공한 크리에이터의 생생한 목소리로 유튜브 채널을 운영하면서 발생하는 수많은 어려움에 대처하는 방법을 알려준다. 알려지지 않았던 유명 크리에이터의 생생한 후일담도 들을 수 있다. 이 책이 학생, 직장인, 구직자, 은퇴자 등 자신만의 재능과 열정을 유튜브에 쏟아부으려고 계획하는 분들에게 도움이 되었으면 한다.

석 달이면 끝날 줄 알았던 책이 반년을 훌쩍 지나 이제야 빛을 보게 됐다. 생각지도 못한 우여곡절을 이겨내고 작업을 무사히 마쳐 기쁘다. 강산이 변하는 세월 글 쓰는 일을 했지만 여전히 글은 두렵고 어렵다. 인터뷰집이 단순히 말을 받아 적는 것 이상임을 새삼 깨달았다.

책이 나오기까지 많은 조언을 하고 졸고를 기다려준 정진욱 라디오북 대표님께 감사드린다. 김유미, 서현직, 이경훈 님의 도움이 없었다면 책이 나올 수 없었을 것이다. 사랑하는 아내 박진희에게도 고마움을 전한다.

2019년 5월

저자 김용주

CONTENTS

CHAPTER 1
취업 대신 유튜버
유튜브로 취업 문제 해결한 20대들

CHAPTER 2
양수겸장, 투잡 뛰는 유튜버
유튜브로 월급 두 번 받는 투잡러들

CHAPTER 3
퇴사 그리고 화려한 인생 2막
퇴사하고 유튜브로 대박 친 승부사들

CHAPTER 4
유튜브로 인생 역전
삶의 위기에서 인생 역전한 핫한 유튜버들

김재원

테스터훈

체리혜리

꽃보다유이

CHAPTER 1

취업 대신 유튜버

유튜브로 취업 문제
해결한 20대들

01

김재원

이름 김재원
나이 1998년생
구독자 수 약 134만 명
누적 조회 수 약 7억 3,100만 회
소속사 샌드박스네트워크
방송 주제 게임

구독자 수·누적 조회 수 2019년 4월 기준

김재원은 구독자 134만 명을 보유한 게임 전문 유튜버다. 고등학교 3학년 때 유튜브 방송을 시작해 불과 3년 만에 100만 고지를 넘었다. 적성에 안 맞는 대학 공부 대신 잘할 줄 아는 게임 방송을 과감하게 선택한 게 성공의 지름길이 됐다. 해외에 나갈 때면 일주일 치 영상을 미리 만들어둘 정도로 남모르는 성실함도 갖췄다. 가면을 쓰고 방송하던 그는 100만 돌파 시점에 약속대로 맨얼굴을 공개했는데, 가장 큰 걱정은 '못생긴 얼굴을 보고 구독자가 떠나지 않을까' 하는 것이었다. 그의 걱정과는 반대로 귀여운 외모에 반한 팬들이 더욱 늘고 있다.

대학은 시간낭비...
유튜브 직행해
130만 대성공한
김재원

유튜버 김재원에 대해 간단히 소개해주세요.

게임은 저의 생활이었죠.

오버워치 게임을 전문으로 하며 '김재원의 즐거운 게임 세상' 채널을 운영하고 있어요. 요즘에는 종합 게임으로 영역을 넓혀가고 있죠. 제 인생에서 기억이 안 나는 어느 순간부터 게임을 하고 있었어요. 메이플스토리, 스타크래프트 등 학교 갔다가 집에 오면 컴퓨터 켜고 게임을 했던 것 같아요. 중학교 때부터 1인 방송을 했고 고등학교 3학년 때인 2016년부터 유튜브에서 게임 방송을 진행하고 있어요.

대학 진학보다 제가 잘할 수 있는 일을 택했어요.

주변 친구들은 제가 유튜브 한다는 걸 몰랐어요. 아주 친한 친구들만 알았죠. 그런데 중학교 때도 방송을 한 경력이 있다 보니 어느 순간 학교에 알려졌어요.

부모님은 반대를 안 하셨어요. 공부를 잘하지 못했기 때문에 무언가를 한다고 하니 좋아하셨어요. 컴퓨터도 사주셨어요.

4년제 대학을 나오고 취업 준비까지 하면 취직하는 데 최소 5년은 걸리잖아요. 저는 그 시간에 유튜브를 하면 성공하겠다는 확신이 있었어요.

유튜브는 언제 어디서나 볼 수 있지만, TV는 정해진 장소에서만 볼 수 있잖아요. 그래서 유튜브가 잘 될 거라고 생각했어요.

대학 가서 시간 낭비하느니 내가 잘할 수 있는 일을 해보자고 결심한 거예요.

중학생 때 이미 1인 방송을 시작했는데 유튜브에서는 어떻게 자리를 잡았나요.

처음 이름을 알린 건 '메이코패스' 덕분이에요.

제가 방송에서 오버워치 게임을 할 때 '메이'라는 캐릭터를 사용하면서 입소문을 탔어요. 특히 '메이코패스'라는 별명을 얻었어요. 메이와 사이코패스를 더한 메이코패스라는 말은 제가 만든 게 아니고 원래 있던 말이에요.

메이가 상대 움직임을 느리게 만드는 능력이 있어요. 상대를 얼린 다음 총으로 쏘는 거죠. 그런데 저는 총을 쏘면서 '어, 미안해요' 이런 식으로 웃으면서 대사를 날려요. 그래서 미친 사람 같다는 의미로 사람들이 메이코패스라고 부르기 시작했어요.

유튜버 중에 메이코패스를 전문 캐릭터로 하는 사람이 없었어요. 어쩌다 한 번씩 하지 계속하는 사람이 없었어요. 제가 계속하니까 재미있었나 봐요. 유튜브 시작한 지 두세 달 만에 구독자 10만 명을 기록할 정도로 인기를 끌었어요.

이미지 변신을 위해 다양한 게임에 도전했어요.

메이코패스를 밀고 나가다가 '김재원=메이' 이런 공식이 생길까 봐 조금씩 다른 게임도 해보려고 노력했어요.

그러다가 '슈퍼 버니맨'이라는 게임이 대박이 났어요. 토끼가 굴러다니는 게임이에요. 이 게임을 했는데 일본에서 먼저 대박이 나고, 한국에서도 대박이 났어요. 누적 조회 수 640만 회를 돌파해 제 전체 영상 중 1위예요.

이 영상 이후로는 오버워치 영상을 올리지 않아도 사람들이 당연하게 생각해요. '김재원은 원래 오버워치 아니고 다른 게임도 해' 이렇게 생각해요. 그 후 오버워치만 다루는 게 아니라 종합 게임 채널이 된 것 같아요.

슈퍼 버니맨에는 좀 재미있는 에피소드가 있어요. 사실 2017년에 힘든 일이 많아서 그해 마지막 날 혼자 술을 마셨어요. 다음 날 1월 1일 아침에 일어나서 '아, 열심히 살아야지' 생각하고 8시간 편집한 게 슈퍼 버니맨 영상이었어요. 이게 대박이 나서 저한테는 '에너지 드링크' 같은 영상으로 기억에 남아요.

슈퍼 버니맨을 계기로 웃긴 게임, 소위 '병맛 게임'을 많이 했어요.

아주 어렸을 때부터 게임을 했다고 했는데 게임 실력은 어떤가요. 게임을 잘해야 방송도 잘 할 수 있는 거 아닌가요.

게임 실력과 게임 방송은 다른 면이 있는 거 같아요.

어느 게임이든 중간 정도는 했던 것 같아요. 그렇다고 제가 게임에서 이기는 '경쟁' 자체를 좋아하는 건 아니에요. 사람들과 대화하고 즐기는 걸 더 좋아해요. 다른 사람을 이기기 위해 경쟁하는 건 오래 하지 못해요. 그래서 게임 실력이 늘지 않는 것 같아요. 게임 실력과 게임 방송은 다른 면이 있는 것 같아요. 게임을 못하는 걸로 뜬 분들도 있고, 편안하게 게임해서 성공한 분들도 있어요.

게임은 유행이 변하니까 인기가 떨어질 때를 대비해야 해요. 제가 다양한 게임으로 스펙트럼을 넓히는 데는 이런 이유도 있어요. 또 한 게임을 너무 오래 하다 보면 재미가 없어질 수도 있어요. 오버워치를 아예 안 하지는 않겠지만 횟수를 줄이는 날이 올 수는 있을 것 같아요.

100만 구독자를 돌파하면서 얼굴을 공개했습니다. 얼굴 공개를 한 이유는 뭔가요. 공개 후 달라진 게 있나요.

100만 돌파가 두려웠던 건 가면을 벗어야 했기 때문이죠.

유튜브 시작했을 때 100만 돌파는 전혀 생각도 못 했어요. 10만 돌파 때도 안 믿겼거든요.

사실 100만에 도달했을 때 두려움이 컸어요. 얼굴을 공개해야 하니까요. 저는 원래 방송에서 얼굴을 공개하지 않았어요. 중학교 시절에도 방송할 때 마스크를 쓰고 했어요. 지금 하는 방송에서도 처음에는 가면을 썼어요. 그랬더니 사람들이 자꾸 '얼굴 언제 공개할 거예요?'라고 물었어요. 별 생각 없이 '100만 가면 하겠다'라고 했죠. 구독자 30만 명 시절이에요. 그땐 100만 명이 안 될 것 같았거든요. 되더라도 4년은 지나야 할 걸로 생각했어요. 근데 공약을 하고 1년 만에 100만 명이 된 거예요. 그래서 2개월 만에 살을 10kg 뺐어요. 100만 명이 다가오니까 초조해져서 운동을 많이 했어요. 근데 얼굴 공개하고 다시 5kg 쪘어요. (웃음)

얼굴 지적하거나, 얼굴 보고 실망해서 구독을 해지할 수도 있잖아요. 그런 일이 있다고 들어서 두려웠어요. 저 자신을 드러내는 것 자체는 별로 두렵지 않았어요.

오히려 얼굴 공개하고 마음이 편해진 부분이 있어요. 방송에서 할 수 있는 콘텐츠가 많아졌어요. 이제는 밖으로 돌아다니면서 할 수 있는 콘텐츠도 많고, 가면이 없으니 가상현실VR 게임도 가능해요. 표정이나 행동으로 웃길 수 있다는 점도 좋아요. 옛날에는 어이없는 상황에서도 표정을 드려낼 수가 없으니 말줄임표(...)로 자막 처리했거든요. 이제는 표정을 표현할 수 있어 더 좋아해 주시는 것 같아요. 제 얼굴을 프로필 사진으로 쓰시는 분이 나올 정도로 팬과 더 가까워진 느낌이 들어요.

게임이라는 주제 외에 김재원 채널의 콘셉트는 뭔가요. 스스로 생각하는 인기 비결이 있나요.

'중2병' 콘셉트로 방송을 만들어요.

주 시청자 층이 10대와 20대 초반에 몰려있어서 개구쟁이 느낌을 잡고 방송을 만들어요. '중2병[1]'이라는 말이 있어요. 제 생각에는 '웃기지만 멋있다' 이런 느낌의 말인데요. 일부러 중2병 콘셉트로 방송을 할 때가 있어

1) 사춘기 청소년의 심리 상태를 의미

요. 그런데 제가 어휘력이 좋은 편이 아니기 때문에 이런 날은 인터넷을 검색해서 자주 쓰는 말이 뭔지 공부해요. 중2병 콘셉트가 나오는 애니메이션이나 영화를 보고 인기 대사를 인용하기도 해요. 방송에 몰입을 많이 하는 편이에요. 너무 몰입하다 보면 저도 모르게 땀을 흘릴 때도 있어요. 옛날에는 방에 에어컨이 없어서 방송 끝나고 나면 온몸이 땀으로 흠뻑 젖을 때도 있었어요.

인기 비결은 '인간 김재원'의 매력 자체 아닐까요.

'김재원' 자체가 하나의 콘텐츠가 되는 것 같아요. 오버워치 게임을 하는 김재원을 보려고 제 채널을 보는 게 아니라 김재원이 재미있어서 본다는 생각이 들어요. 예를 들어 오버워치를 할 때도 게임을 안 하고 그냥 팀원과 이야기하는 장면만 편집해서 올릴 때도 있어요. 오버워치를 켜놓고 게임은 하지 않고 일어서서 춤추는 장면만 내보낼 때도 있고요.

이런 걸 많이 하다 보니 제가 하는 모든 것을 하나의 엔터테인먼트, 매력으로 즐기시는 것 같아요. 저를 귀엽다고 해주시는 분들이 많은데 아직은 익숙하지 않고 쑥스러워요. 제가 방송에서 보이는 모습은 친한 사람들과 있을 때 나오는 모습이에요.

영상은 얼마나 자주 올리나요.

촬영과 편집 등의 작업은 어떻게 하고 있나요.

영상을 꼭 하루에 한 편씩 올리려고 해요.

하루에 한 편씩 영상을 올려요. 직장인이 아침에 일어나서 출근하고 여덟 시간 일하고 퇴근하는 것 생각하면 저보다 그분들이 더 대단하신 것 같아요. 직장인에 비하면 제가 오히려 편하게 일하는 거죠. 제가 하루에 7~8시간 영상 찍고 편집한다고 하면 사람들이 놀라요. 이건 다시 말하면 그만큼 유튜브 시장이 아직은 여유가 있다는 거예요.

무슨 일이 있으면 미리 영상을 두 편 이상 만들어둬요. 제가 일주일 동안 해외를 다녀올 일이 있었는데 그때 영상 7개를 미리 만들어두고 간 적도 있어요. 가능하면 건너뛰지 않고 매일 영상을 올리려고 해요.

편집을 하다 보면 '아, 이거 되겠다' 싶은 영상이 있어요. 제가 웃을 때가 있어요. 지금도 편집을 혼자 하고 있는데요, 편집자를 구해보려고 해요. 편집자를 구하면 방송에 더 전념할 수 있을 것 같아요.

영상에서 게임만 하는 게 아니라 연주나 그림 등 다양한 모습을 보여주는데 따로 연습을 하나요. 구독자 반응은 어떤가요.

잘 못 해도 제 느낌을 표현하니까 좋아해 주세요.

제가 리코더를 잘 분다고 알려져 있는데요. 방송에서 몇 번 불어서 그래요. 아주 잘하는 건 아니고 특정 부분을 잘 불어요. 일본 애니메이션에 나오는 음악이에요.

그림판으로 그린 그림을 영상에 쓰기도 해요. 그림은 못 그려도 제 느낌을 표현하니까 유치하더라도 시청자분들이 좋아해 주시는 것 같아요. 학교 다닐 때도 그림을 그려서 친구들에게 보여주면 좋아했어요. 이걸 방송에서도 해 본 건데 좋아해 주시더라고요. 일상 경험을 방송에 많이 활용하고 있어요. 살면서 쓸데없는 경험은 없는 것 같아요. 재미로 게임을 만들었는데 팬들이 많이 도와주셔서 45만 다운로드를 기록한 적도 있어요.

혼자 영상을 제작해 매일 올리는 작업이 쉽지만은 않은 거 같습니다. 유튜버로서 가장 힘든 점은 무엇인가요.

유튜버를 하면서 가장 힘든 건 '상실감'이에요.

저는 누가 유튜버 하고 싶다면 하라고 할 것 같아요. 힘들게 도전할 수 있는 것도 아니고, 하다가 안 되면 쉬었다가 나중에 다시 할 수도 있거든요.

오히려 쉽게 도전할 수 있으니 사람들이 쉽게 도전했다 쉽게 포기하는 것 같아요. 저도 처음 할 때 하루 네다섯 시간 편집하고 여러 사이트 돌아다니면서 홍보하고 그랬거든요. 이 정도만 노력해도 구독자 사랑을 받을 기회가 있어요.

하지만 쉬운 방법으로 시작하면 오래가지 못해요. 겉으로 보는 것과 실제는 많이 달라요. 유튜버랑 친한 분들은 '나는 유튜버 안 할 거야'라고 말하는 분들이 많아요. 왜냐면 유튜버의 화려한 모습도 보지만 반대로 힘들어하는 모습도 많이 보거든요.

유튜버를 하면서 가장 힘든 건 '상실감'인 것 같아요. 네다섯 시간 동안 즐겁게 웃고 시청자와 대화하면서 방송을 하지만 방송을 종료하면 주위에 아무도 없다는 게 느껴지잖아요. 그때 허탈함을 느낄 때가 많아요. 특히 연말처럼 사람들을 많이 만나는 시즌에 이런 허탈감이 더 큰 것 같아요.

허탈감을 없애기 위해 약속을 잡거나 오히려 더 바쁘게 일을 하려고 해요. 이런 어려움을 이겨내야 유튜버를 할 수 있는 것 같아요.

슬럼프가 오면 '가끔 있는 일'이라고 담담하게 받아들여요.

구독자 증가세가 떨어질 때 힘들었어요. 공부는 차라리 그래프가 안 보이잖아요. 시험 한 번 치고 성적이 안 나오면 '아, 힘들다' 한숨 한 번 쉬면 되지만 유튜브는 하루하루 데이터가 다 나와요.

예전에는 하루 데이터에 기분이 좌지우지됐어요. 일주일 연속 떨어지면 일주일 내내 침울했어요. 그러다가 어떻게든 다시 올라가긴 하더라고요. 이런 걸 몇 번 겪고 나니 지금은 그래프에 신경 쓰지 않아요. '내가 재미있어야 사람들도 재미있다'라고 생각해요.

방송하다가 시청자분들께 짜증 낼 때가 있었어요. 이럴 때 많이 힘들었어요. 제가 오버워치 게임 방송을 하고 있는데 게임과 상관없는 이야기를 너무 하면 조금 화가 났어요. '형 오늘 뭐 먹었어요?' '저 오늘 뭐 했는데 칭찬해 주세요' '제 이름 불러주세요' 이런 질문이요. 어린 친구들이 그럴 수 있다는 걸 알면서도 짜증을 내니까 시청자분들께 더 미안했어요.

저는 슬럼프가 오더라도 그것을 극복하려고 노력하기보다는 그냥 참아요. 참으면서 그냥 계속 영상 만들어 올려요. 그러다 보니 어느 순간 구독자가 다시 올라가서 자연스럽게 슬럼프가 극복되곤 했어요. 나중에는 이게 슬럼프가 아니라 '가끔 있는 일' 정도로 생각하고 덤덤하게 넘어갔어요.

실제로 채널이 계속 잘 되니까 저는 이 방법이 저와 맞는 것 같아요. 하지만 다른 분들께도 같은 방법을 추천하기는 힘들 것 같아요. 슬럼프 극복 방법은 함부로 조언할 수 없는 것 같아요. 누군가가 계속 구독자가 떨어지고 있는데 '언젠가 올라갈 거야'라고 말하면 안 맞잖아요. 이건 순전히 저한테만 해당하는 방법이에요.

구독자 댓글은 어떻게 활용하나요. 악플에 대처하는 방법도 궁금합니다.

악플은 과감하게 차단해요.

악플은 차단해요. 차단하면 쓴 사람은 계속 댓글을 쓰지만 저한테는 안 보여요. 악플 쓴 사람은 자신이 차단당했다는 사실을 몰라요. 악플 다는 분들은 대부분 오해를 해서 악플을 다는 경우가 많아요. '아, 나도 예전엔 오해를 많이 했었지' 이런 생각을 하면서 그냥 차단을 눌러요. 반대로 저를 칭찬해준 분들에게는 하트를 날려요.

댓글을 다 보지는 못하고 몇십 개 정도 간추려서 보고 있어요. 모자이크를 해야 하는데 안 했다든지 자막에 오류가 있다든지, 어떤 부분이 재미있는지 등을 보고 다음 영상에 반영해요.

1인 크리에이터 시장에 대한 전망이 궁금합니다. 개인적으로는 어떤 계획이 있나요.

1인 미디어는 앞으로 더 잘 될 것 같아요.

1인 미디어는 앞으로 더 잘 될 것 같아요. 연예인들이 유튜브로 많이 넘어오잖아요. 괜히 하는 건 아닌 것 같아요. 방송사도 유튜브에 주목하는 걸 봐도 알 수 있어요. 스마트폰 시대도 계속될 것 같으니까요. 극단적인 제재를 가하지 않는다면 계속 잘 될 것 같아요.

유튜브 외에 다른 일을 해보고 싶어요.

저보다 먼저 유튜브를 시작한 분들이 미래의 길을 제시해주는 것 같아요. 지상파나 케이블 TV 방송에 진출하거나 사업을 하시는 분들도 있어요. 1인 미디어 인식이 좋아지니 저 같은 유튜버가 선택할 수 있는 길이 넓어진 것 같아요. 길을 개척해준 선배님들께 감사해요. 저도 유튜브 방송을 계속하겠지만 기회가 된다면 다른 일도 해보고 싶어요. 다른 일을 하게 된다면 다음에 올 분들을 위해 길을 개척하고 싶어요. 받은 게 있는 만큼 저도 다음 분들에게 돌려드리고 싶어요.

유튜브를 시작하고 어떤 점이 가장 많이 변했나요.

유튜브가 잘되고 여유가 많아졌죠.

여유가 많아졌어요. 옛날에는 형편이 좋지 않다 보니 먹는 것 하나도 마음대로 못했지만, 지금은 그런 걱정은 없으니까요. 성격도 예전에는 신경질적이고 그랬는데 지금은 무슨 일이 벌어져도 '그럴 수도 있지' 하고 넘어가는 편이에요. 누가 시비를 걸어도 '안 좋은 일이 있나 보다' 하고 넘어갈 정도로 마음의 여유가 생겨서 좋아요.

수익은 그럭저럭 먹고 살 정도예요. 집에 있던 빚 갚고 어머니 생활 편하시도록 이것저것 사드린 정도예요.

02

테스터훈

이름 성지훈
나이 1993년생
구독자 수 약 109만 명
누적 조회 수 약 4억 1,300만 회
소속사 다이아 TV
방송 주제 게임, 먹방, 아르바이트 체험 등

구독자 수·누적 조회 수 2019년 4월 기준

'먼저 하고 대신해주는 남자' 테스터훈은 한국을 대표하는 게임 유튜버 중 한 명이다. 109만 구독자를 돌파하며 승승장구다. 게임이 주 종목이지만, 이름에서도 알 수 있듯 시청자가 원하는 건 뭐든 나서서 대신해준다. 먹방, 아르바이트 가리지 않는다. 대학 공부에 흥미를 느끼지 못하던 그는 군대에서 IT 서적을 독파하며 '유튜브 시대가 올 것'임을 직감했다. 슬럼프에 빠졌을 때도 그를 일으켜 세운 건 공부였다. 잘 나가는 유튜버지만 지금도 다른 무수한 유튜브 영상을 보며 트렌드를 익힌다. 모든 구독자 댓글을 보며 콘텐츠에 어떻게 반영할지 연구한다. 공부하는 유튜버, 이것이 '100만 유튜버' 테스터훈을 만든 비법이다. 휴학 후 아직도 대학에 돌아가지 않고 있는 테스터훈은 유튜버를 직업으로 택한 걸 후회하지 않는다.

군대에서 촉이 왔다…
복학생이
100만 유튜버 된
노하우

100만 유튜버 테스터훈은 어떤 사람인가요.

방송과 달리 소극적일 때도 많아요.

경기도 파주에 살고 키는 184cm, 몸무게는 124kg이에요. 옆으로 커서 키가 안 커 보일 수 있어요. 방송과 성격이 같은 부분도 있고 다른 부분도 있는데요. 말이 많은 점은 같고, 방송과 달리 소극적일 때도 많아요. 2015년 6월 처음 영상을 업로드하며 유튜브를 시작했어요.

구독자 100만 명을 돌파했습니다.

구독자 100만 명은 테스터훈에게 어떤 의미인가요.

100만 구독자는 유튜브 시작할 때 꿈이었죠.

구독자가 몇 명인지 매일 확인해요. 100만 구독자 돌파 기념행사를 할까 말까 고민했는데, 참가자가 한정된다는 점 때문에 하지 않기로 했어요. 대신 콘텐츠에 힘을 쏟기로 했죠. 생방송에서 감사하다고 말했어요.

유튜브에서 구독자 100만 명 돌파 기념 골드 버튼을 받았어요. 미국에서 직접 날아오는 기념품이죠. 천만을 달성하면 다이아 버튼이 날아와요. 방송 처음 시작할 때 '나중에 꼭 100만 돼야지' 이런 생각은 했어요.

처음에는 '언제 구독자 몇만 되겠다' 이런 계산을 했어요. 그런데 하다보니 예상대로 안 되더군요. 너무 빠르지도 않고 느리지도 않고 그냥 적당히 구독자가 늘었던 것 같아요.

구독자 7만 명 정도부터 사람들이 저를 알아보기 시작했어요. 주 시청자는 남성이고 18~24세가 가장 많아요.

유튜브에 관심을 가지게 된 계기가 궁금합니다.

책을 보니 인터넷 방송으로 수익을 낼 수 있겠다는 생각이 들었어요.

인터넷 방송을 처음 접한 건 중학생 때예요. 2007년~2008년 이야기죠.

유튜브가 없던 시절이에요. 워낙 게임을 좋아해 컴퓨터로 인터넷 방송을 봤어요. 당시에는 1인 방송을 취미로 했어요. 요즘처럼 수익은 없었죠. '나중에 취미로라도 방송하고 싶다' 이런 생각을 했어요.

그러다 군대에 갔는데 시간이 남아 책을 많이 읽었어요. 인생의 답을 찾고 싶었거든요. IT 산업이 크고 있다는 걸 인지하고 책을 읽기 시작했어요. 스타트업이나 앱 창업도 생각하던 시절이었어요.

제가 경영학과 출신인데, 2013년~2014년 사이 스마트폰이 인기를 끌면서 앱 시장이 한창 붐이란 걸 알았거든요. IT 서적을 많이 읽다 보니 이제는 과거와 달리 인터넷 방송으로 수익이 난다, 영리활동을 할 수 있겠다는 판단을 했어요. 해외에선 유튜버가 연예인보다 파급력이 크다는 게 책에 나오더라고요. 무작정 방송을 시작한 게 아니라 나름 공부를 많이 했어요.

군대에서 유튜버의 길을 찾았는데, 군대 생활은 어땠나요.

군대에서 연극해서 포상휴가도 받았죠.

원래 남들 앞에 나서기를 좋아했어요. 학교 다닐 때는 축제 나가서 발라드를 부르기도 했어요.

군대에서는 연극을 많이 했어요. 군대에서 축제가 열리면 부대원을 설득했어요. "내가 포상 받게 해주겠다, 휴가 보내주겠다" 이런 식으로요.

제가 김정은 분장을 했어요. 연대에서 1등하고 그랬어요. 저를 따른 모든 부대원에게 포상휴가를 받아줬어요.

사실 방송 초기에는 말을 잘 못 했어요. 원래 잘했는데 카메라 켜니까 잘 못 하겠더라고요. 그래서 방송을 몇 번이나 다시 보면서 원하는 모습이 나올 때까지 계속 고쳤어요. 초기랑 지금은 방송이 정말 달라요. 지금도 제 방송을 많이 보며 공부해요.

처음에는 박스를 쓰고 방송을 했습니다. 이유가 있었나요.

실패하면 학교에 가야 하니까요.

대학에서는 경영학을 전공했는데, 무엇을 배웠는지 기억이 전혀 안나요. 1학년 마치고 군대 다녀와서 지금은 휴학 상태예요. 복학을 하지 않고 있어요.

군대 다녀온 후 복학 6개월 남기고 학교에 다시 갈지 유튜브를 해야 할지 고민했어요. 6개월 안에 성과가 나면 계속 유튜브를 하고, 안 나면 집안 형편도 안 좋으니 복학을 하기로 했어요.

집안에서는 무조건 학교를 가라고 했어요. 반대가 심했어요. 친구들은 응원 반 걱정 반이었어요. 당시에는 유튜브가 지금처럼 인기가 많던 시절도 아니었거든요. 다른 경쟁사 1인 방송을 많이 하던 시절이라 유튜브만 하는 사람은 더더욱 없었어요.

처음 방송할 때 박스를 쓰고 얼굴을 가린 건 복학을 대비하기 위해서였어요. 실패하면 학교에 가야 하니까요. 지금은 다 삭제했어요. 아마 찾아보기 어려울 거예요.

유튜브 시작하고 6개월 동안 방에만 있었어요. 가족들이 보기에는 뭐 하나 싶었을 거예요. '뜬구름 잡지 말라'라는 소리를 너무 많이 들었어요. '이걸로 어떻게 돈을 버냐' 이런 이야기요. 지금은 너무 좋아하시죠. 집안 빚을 다 갚았거든요.

무언가를 대신해주는 방송을 하고 있습니다. 처음 닉네임을 정할 때 어떤 점을 고려했나요.

제한을 두고 싶지 않아서 이름을 테스터훈이라고 지었어요.

닉네임 '테스터훈'은 일부러 정한 거예요. 모든 도전을 할 수 있기 때문이에요. 모든 걸 도전하고 어떤 게임도 할 수 있다는 점이 좋았어요. 제한을 안 두려고 한 거죠.

당시 인터넷 방송 시작하는 사람들이 게임 관련 이름을 많이 지었어요. 그럼 확장성이 떨어져요. 저는 제한을 두고 싶지 않아서 이름을 테스터훈이라고 지었어요.

다양한 주제의 콘텐츠를 제작하고 있는데 콘텐츠를 만들 때 가장 중요하게 생각하는 게 무엇인가요.

인터넷 콘텐츠를 즐기는 사람들은 금방 질려 해요.

처음에는 제 모습이 어색했어요. 발음, 단어, 톤, 영상 스타일을 다 봤어요. 다시 찍기도 많이 했고요. 계속하다 보니 지금처럼 바뀐 거예요.

지금도 항상 바뀌고 싶어요. 사람들은 금방 질려 하기 때문이죠. 인터넷 콘텐츠를 즐기는 사람들은 금방 질려 해요.

재미가 있다 없다, 그런 포인트가 있어요. 제가 제 영상을 보고 안 웃으면 그때 변화를 줘야 해요. 그런 게 느껴져요. '아, 이거 좀 아닌데' 이럴 때 변화를 주려고 해요.

주기가 있는 건 아니에요. 권태기 같은 게 느껴지는 때가 있어요. '리액션이 너무 똑같은데' '기계적인데' 이런 느낌이요.

'양호', '미스' 등등 유행어가 많습니다. 유행어를 만드는 본인만의 노하우가 있나요.

자연스럽게 나오는 유행어가 최고예요.

유행어는 하다 보니 나온 경우가 많아요. '양호'는 군대에서 입에 붙었던 것이고요. '미스miss'는 안 될 줄 알았는데 잘 되더라고요. 제스처도 제가 만든 것이에요.

아이디어는 그냥 번뜩 생각이 나요. 운전할 때나 뭔가를 할 때 아이디어가 불쑥 떠올라요. 그럼 메모장에 적어요. '다음 영상에 써야겠다' 이런 생각을 하는 거죠. 시청자한테 장난치는 느낌으로 항상 찍거든요. 메모장에 메모가 많아요. 콘텐츠든 뭐든 항상 적어요.

일부러 작정하고 미는 것도 있었어요. 근데 자연스럽게 하는 게 제일 잘 먹히더라고요. 시청자가 재밌으면 댓글에 남기니까 알 수 있어요.

콘텐츠 크리에이터로서 승승장구한 거 같은데 슬럼프가 있었나요. 슬럼프가 있었다면 언제, 어떤 이유로 슬럼프에 빠졌나요.

'나는 쩐다' 이 생각 할 때 슬럼프가 오더라고요.

구독자 10만 명까지는 정말 빨리 올라갔어요. 거의 10개월 만에 달성했어요. 당시 유튜브 시청자가 별로 없던 시절이어서 정말 빠른 거였죠. 먹방 이런 것도 안 하고 게임만으로 달성한 거라 더 대단했어요.

그래서 자아도취에 빠졌어요. '아, 나는 쩐다' 하고요. 너무 잘 되니까 '먹힌다'라고 생각한 거죠.

욕심이 나서 무리를 했더니 시청자가 싫어하더라고요. 너무 큰 변화를 주려고 했어요. 예를 들어 스튜디오를 하나 빌려서 영상을 찍은 적이 있어요. 나중에 알고 보니 집에서 하는 게 최고였더라고요.

초심을 잃어버렸어요. 가정사까지 겹치며 '멘탈'이 으스러졌죠.

긴장감 자체가 달라졌다고 할까요. 게임하면서 자아도취 이런 게 영상에서 느껴졌던 거예요. 안 하던 것도 하고 그랬어요. 사람들이 재미없어할 것 같은데 굳이 했어요. 콘텐츠의 중요성을 잠시 잊었던 거예요. '나는 뭘 해도 사람들이 재미있어하겠지' 이런 생각을 했던 것 같아요.

예를 들어 한 손으로 게임하기 같은 걸 했어요. 이런 게 재미있을 거라고 생각한 거예요. 근데 사실 답답하기만 하고 재미가 없었어요.

시청자가 안 좋아하더라고요. 한 손으로 게임하기는 시청자가 준 아이디어인데, 너무 시청자 말만 들어도 안 좋은 것 같아요. 밸런스가 중요해요. 지상파 방송처럼 모든 게 잘 짜인 게 아니기 때문에 여실히 다 보여요.

이게 말하기 상당히 애매한 부분인데 '초심', 그런 미묘한 게 있어요. 큰 변화를 주려다 보니 방송한다는 사실을 너무 의식했던 것 같아요. 그러면서 초심을 잃어버렸어요. 제 마음가짐 문제였던 것 같아요.

점점 인기가 시들시들해졌어요. 계속 성장하길 바랐는데 제자리이거나 성장 속도가 느려졌어요. 거기서 멘탈이 좀 흔들렸고, 가정사까지 겹치면서 멘탈이 으스러졌어요. 그래서 조금 쉬었어요. 6개월 정도 제대로 방송을 못 했던 것 같아요.

방송을 쉴 정도로 깊은 슬럼프가 찾아왔는데 어떻게 극복했나요.

유튜브 계속 보면서 트렌드를 파악했어요.

쉬면서 돌파구를 찾았어요. 콘텐츠도 구상하고 영상 찍는 방법도 고민하면서 해외 유튜버를 정말 많이 참고했어요. 제 캐릭터를 중요하게 생각한 시절이기도 하고요. '테스터훈'이라는 캐릭터 말이죠. 캐릭터에 맞게 다양한 시도를 해야겠다고 생각했어요.

마침 댓글에 먹방 해 달라는 말이 많았어요. 2017년 7월에 24시간 굶고 먹방을 했어요. 그게 반응이 너무 좋았어요. 라면 하나 먹었는데 반응이 너무 좋더군요. 후룩후룩 먹는 소리가 좋았던 것 같아요.

틀에 갇히기 싫고 새로운 눈을 뜨고 싶어서 해외 사례를 많이 참고했어요. 유명한 사람들, 예를 들면 '캐시네스탯CaseyNeistat' 영상을 참고했어요. 2,000만 원짜리 비행기 1등석 체험하신 분이에요. 콘텐츠도 좋은데 영상미가 더 대박이에요. 이분은 혼자 다 찍어요. 전동 보드 타면서 찍은 것도 있는데 뒷배경이 다 움직여요. 이분 영상 보면서 엄청 놀랐어요. 카메라 공부를 많이 한 것 같더라고요. 그걸 보면서 '배울 점이 많구나' 했어요.

해외 영상과 비교하면서 나만의 스타일, 나만의 장점이 있다는 것도 알게 됐어요. 말로 설명하기는 힘든데요. '감을 잡았다'고 표현하는 게 좋을 것 같아요.

국내든 해외든 유튜브를 계속 보면서 트렌드를 파악하는 게 큰 도움이 됐어요. 이 사람이 실수하면 나는 안 하고, 잘하면 나도 해야겠다고 생각했어요.

슬럼프 극복 후 가장 크게 달라진 점은 무엇인가요.

편집할 때 '내가 웃어야 한다'라는 게 원칙이에요.

컴백해서 날개를 달았어요. 정말 좋았어요. 기존 영상 스타일과 다르게 했고, 제대로 된 편집자분들과 이야기도 많이 했어요. 피드백을 정확하게 이야기하면서 편집한 건 이때가 처음이었어요. 전에는 그냥 맡기고 끝이었거든요.

영상 자체가 액티브해졌어요. 그전에는 잔잔했다고 할까요. 과거에는 제가 제 영상을 많이 안 봤어요. 편집을 해도 확인도 안 하고 올렸거든요. 다른 영상 찍기에 바빴으니까요. 이제는 바빠도 반드시 봐요. 넣을 건 넣고 뺄 건 빼야 해요. 편집이 만족스럽지 않으면 다시 해요. 완전히 갈아엎을 때도 있고요. '유머 코드'를 확실히 맞추려고 해요. '내가 웃어야 한다'라는 게 편집 원칙이에요.

콘텐츠 아이디어를 꾸준히 찾기가 쉽지 않을 거 같습니다. 아이디어를 발견하는 테스트훈만의 비결이 궁금합니다.

댓글이 아이디어 원천이에요.

아이디어가 고갈되지는 않아요. 새 게임이 계속 나오고 패치도 되니까요. 인기 있는 신작이 있으면 그걸 하고, 댓글로 특정 게임을 해 달라면 그걸 하기도 해요. 요즘은 복고 게임을 해 달라는 요청이 많아요. 제가 어렸을 때 장르 안 가리고 게임을 다양하게 했기 때문에 할 이야기도 굉장히 많아요. '이 게임이 이렇게 바뀌었다'라고 이야기를 푸는 거죠.

댓글은 항상 봐요. 웬만하면 다 봐요. 댓글 보며 아이디어 얻는 게 저한테는 중요하거든요. 영상에서 '어떤 부분이 마음에 안 든다' 그러면 다음에 그런 걸 빼요. 이 유행어 빼라고 하면 빼고요. '어떤 게임 어떻게 해주세요' 하면 그걸 다음 방송에 해요. 예전에 발로 게임한 적도 있어요.

영상은 촬영만큼 편집이 중요합니다. 요즘은 전문 편집자를 두고 작업하는 유튜버가 많은데 테스트훈의 경우는 어떤가요.

모든 영상에 편집 가이드를 줘요.

지금 편집자 세 분이 계세요. 처음 1년 동안은 혼자 했어요. 독학으로 인터넷이나 유튜브 보면서 배웠어요. '이 부분에선 이 효과가 들어가야 해' 이런 생각을 하고 인터넷 서핑을 엄청 했어요. 근데 혼자 하다 보니 힘들어서 안 되겠더라고요. 전문가들은 확실히 잘하더군요. 편집을 잘하니까 영상이 더 재미있어졌어요. 다만 편집을 어떻게 해야 한다고 제가 모든 영상에 가이드를 줘요. '이런 콘셉트로 가자'라고 말해요. 고칠 점이 있으면 다시 편집해 달라고 하고요. 콘텐츠마다 제 스타일을 녹여내려고 노력해요. 40분짜리 찍어서 보내면 10분으로 편집돼요. 많이 잘려요.

업로드는 콘텐츠에 집중하면 하루에 두 개 올리기도 해요. 주말이나 방학 때 많이 올려요. 실시간 조회 수 보면서 조정해요. 방학 때는 오전에도 많이 보거든요.

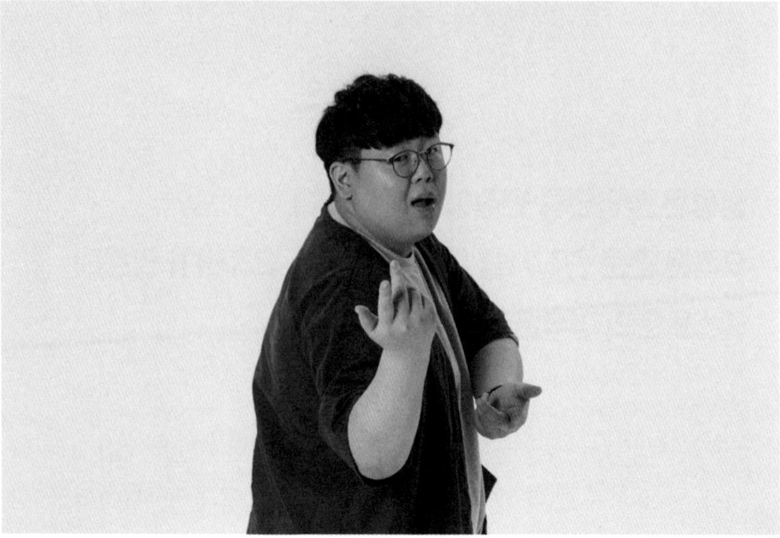

유튜버를 하고 인기를 얻으면서 바뀐 건 무엇인가요.

유튜브를 시작하고 저를 보는 사람들의 시선이 바뀌었어요.

유튜브를 시작하고 삶이 많이 바뀌었어요. 저를 보는 사람들의 시선, 가족이 보는 눈빛도 마찬가지예요. 삶이 송두리째 바뀌었어요, 진짜로.

친구들은 취직하고 이직하고 그러는데 저는 다른 삶을 살고 있어요. 친구들이 많이 부러워해요. 좋아하는 일을 하고 있으니까요. 자기가 하고 싶은 일을 언제든지 할 수 있기도 하고요. 일과 인생을 분리하지 않고 하나가 된다는 점을 부러워하더라고요.

인기 유튜버로서 경제적 수입은 어느 정도인가요.
테스터훈이 보는 1인 크리에이터 산업의 미래는 어떤가요.

15년 차 대기업 직장인보다 많이 벌어요...

유튜브 관련 산업은 더 클 거라고 생각해요.

15년 차 대기업 직장인보다 많이 벌어요. 방송에서 공개한 것처럼 집과 차를 산 것도 사실이에요.

최근 유튜브가 다운됐을 때 네이버 연령별 뉴스 1~5위를 보면요, 30~40대는 5위 안에 유튜브 관련 뉴스가 아예 없었어요. 20대는 1위가 유튜브였고요, 10대는 톱 5가 전부 유튜브였어요. 젊은 세대는 다 유튜브 콘텐츠에 주목한다는 의미예요. 이걸 보고 놀랐어요. 단기적인 게 아니라는 거죠.

10대, 20대 이 사람들이 곧 소비자로 바뀌는 시대가 와요. 당장 유튜브로 돈을 버는 것보다 이게 더 중요해요. 그래야 장기적으로 이 산업을 볼 수가 있어요. 지금도 중요하지만 앞으로 가능성이 훨씬 커요. 10대, 20대가 영리활동을 하고 소비 활동을 하는 시대가 오면 유튜브 관련 산업이 더 클 거라고 생각해요.

03

체리혜리

이름 김혜리
나이 1994년생
구독자 수 약 83만 명
누적 조회 수 약 1억 400만 회
소속사 다이아 TV
방송 주제 베트남

구독자 수·누적 조회 수 2019년 4월 기준

체리혜리는 83만 구독자를 가진 베트남 전문 유튜버다. 구독자 99%가 베트남인일 정도로 '민간 외교관' 역할을 톡톡히 하고 있다. 현지 인기 아이돌 '누 푹 틴' 뮤직비디오를 보는 리액션 영상이 665만 뷰를 기록할 정도로 폭발적 호응을 얻으며 이름을 널리 알렸다. 베트남에서는 공항에서부터 모르는 사람이 없는 '연예인급' 인기를 누린다. 최근에는 한국 지상파 방송 다큐멘터리에 출연하면서 국내에서도 인지도가 오르고 있다.
한국외대 베트남어과 재학 중 우연히 시작한 유튜버 활동이 지금은 생활이자 직업이 됐다. 베트남에서 한국어 교재를 펴내며 '언어 교사'로 새로운 도전도 시작했다. 틈새시장을 공략하면 아직도 유튜버로 성공할 수 있다는 게 체리혜리의 조언이다.

취업 고민하던 그녀가 베트남 한류스타가 된 비결

체리혜리는 어떻게 유튜브를 시작하게 됐나요. 자신에 대해 간단히 소개해 주세요.

선배 따라 우연히 시작한 유튜버가 지금은 직업이 됐어요.

대학교 4학년 때인 2016년 1월 유튜브를 시작했어요. 얼마 전 구독자 80만 명을 넘었죠.

처음 유튜브 시작할 때는 그냥 벽에다 말하는 느낌이었어요. 아무도 저를 모르니까요. 그런데 유튜브를 일찍 시작한 학교 선배 한 명이 있었어요. 이 선배가 자리를 좀 잡은 상태였는데, 제가 유튜브를 시작한 걸 알고 "우리 채널에 나오지 않을래?"라고 저를 초대해 줬어요.

그래서 한 번 나가게 됐는데, 그걸 계기로 많은 베트남 분들이 저를 알게 됐고 구독자도 빠르게 늘 수 있었어요.

저는 고등학교 시절 유튜브가 세상에 등장했을 때부터 열심히 유튜브를 봤어요. 원래 관심이 많아 '아, 내가 죽기 전에 꼭 유튜버가 돼야겠다'라고 생각할 정도였죠. 그래도 베트남 관련 방송을 하게 될 줄은 몰랐네요. 선배가 하는 걸 보고 힘을 얻었어요. 지금은 선배보다 제가 더 구독자가 많아요. 제가 어느 순간 넘어섰어요. 그 선배는 지금 유튜버 하고 싶은 친구들을 챙기는 기획사에서 일하고 있어요. 저를 유튜버의 길로 이끌어준 선배께 감사드려요.

우리나라가 아닌 베트남인을 대상으로 구독자 80만 명을 돌파했습니다. 구독자 수가 엄청난데 처음부터 이 정도 규모를 예상했었나요.

구독자 80만 명 돌파? 처음엔 100명도 신기했죠.

80만 명 돌파는 신기해요. 정말 고마워요. 처음에는 꿈이 10만 명이었어요. 꿈의 숫자 10만 명. 실버 버튼[2)]만 받으면 나는 소원이 없겠다고 생각했어요. 근데 점점 숫자가 늘더라고요.

사실 천 명만 돼도 좋겠다고 했어요. 구독자 100명일 때 사진 찍어놓고 그랬어요. 너무 신기해서 '와, 100명이 됐어' 이러면서 놀랐어요.

처음에는 마음고생 많았어요. 유튜버가 이렇게 어렵답니다. (웃음) 정말 이게 어려워요.

요새는 100만 유튜버가 많아서 아무것도 아니라고 생각하시는 분들이 있는데, 막상 해보면 아무리 지인 끌어모아도 50명이 한계거든요. 100명도 모으기가 어려워요. 그런데 80만 명이라니, 정말 신기해요. 구독자들도 100만 돌파를 바라고 있더라고요. '언니 빨리 100만 됐으면 좋겠어요' 이렇게요.

구독자 50만 명 돌파 기념으로 베트남에서 팬미팅을 한 번 했는데요, 아무도 안 올 줄 알았는데 많이 와주셨어요. SNS에서 100명 한정으로 신

2) 유튜브는 10만 구독자를 돌파한 크리에이터에게 실버 버튼을 선물로 준다.

청을 받았는데 몇 초 만에 200분이 신청을 한 거예요. 그래서 생각보다 빨리 마감됐어요. '굳이 왜 날 보러 오나' 이런 생각이 들었어요. 저는 평범한 사람이라고 생각했거든요. 100만 돌파 기념도 해야 하는데 너무 민망해서 다시 할 수 있을지 모르겠어요. (웃음)

베트남 전문 유튜버란 독특한 포지션을 선점하고 있습니다. 베트남어는 언제부터 배운 건가요.

대학에서 베트남어 배웠어요… 어려서부터 말하는 걸 좋아했어요.

원래 말하는 걸 좋아하고 사람들 앞에서 이야기하는 걸 즐겼어요. 고등학교 때 말하기 대회, 토론 대회에도 많이 나갔어요. 어렸을 때 뉴질랜드에 잠깐 살았는데 거기서도 말하기 대회에 나갔어요. 영어로 말했죠. 원래 수다 떠는 거 좋아하니까 지금 적성을 살린 게 맞네요. (웃음)

베트남어는 대학 가면서 선택한 거예요. 원래 언어 배우는 걸 좋아했어요. 영어는 어렸을 때부터 했고, 고등학교 때는 중국어를 배웠어요. 제2외국어로 스페인어도 배웠죠. 대학에서는 새로운 언어를 배우고 싶었어요. 외국어대 베트남어과에서 두 명을 뽑는다는 사실을 알고 지원했어요. 베트남어가 왠지 끌려서 아무것도 모르고 입학을 했어요.

대학 2학년 때 7개월 정도 호찌민 사범대 어학당에 다녔어요. 사실 첫 방송 때는 베트남어를 잘 못 했어요. 열심히 공부해서 지금은 좀 나아졌죠. 여행 가면 적극적으로 해보는 편이에요. 새로운 걸 잘 먹어보고 그래요. 이런 성격이 언어를 배우는 데 도움이 되는 것 같아요.

체리혜리 콘텐츠를 베트남 팬들이 왜 좋아한다고 생각하나요.

한국을 정말 좋아해 주는 베트남… 한국과 정서가 비슷해서 아닐까요.

베트남에서 한국 인기가 많아요. 베트남 어학연수 갔을 때 많이 놀랐어요. 당시에도 쇼핑몰에서 한국 음악 나오고, TV 틀면 한국 드라마하고, 홈쇼핑도 한국 물건 팔고 그래서 깜짝 놀랐어요. 한류 인기가 많으니까 한국어도 자연스레 인기가 많았어요.

최근 박항서 감독님이 활약해주시니 더 인기가 좋아졌죠. 한국으로 유학 오는 베트남 학생들이 정말 많아요. 베트남은 인구 구조상 젊은 세대가 많거든요. 이런 친구들이 K팝을 듣고 한국 유학도 오는 것 같아요.

제 방송을 보시는 사람이 대부분 베트남 분들이라 한국에선 저를 거의 몰라봐요. 베트남에서는 많이 알아봐요. 학교 근처나 젊은 층이 많은 곳에 가면 다 알아봐요. 공항에서부터 알아보더군요. 저도 몰랐는데 제 방송이 베트남 신문이나 뉴스에 나오기도 했어요. 현지 가수 '누 푹틴' 뮤직비디오 리액션 영상이 언론에 많이 났어요. 얼마 전에는 한국에서도 비자 신청하러 갔는데 '체리혜리 님, 촬영 가시나 봐요' 하면서 알아보시더라고요.

조회 수 683만 뷰를 기록한 누 푹틴 리액션 영상은 저도 사실 이해가 안 돼요. 왜 그리 많이 봤을까. 방송에 회사원 친구가 같이 나오는데, 둘이 재미있게 이야기해서 많이 봐주신 것 같아요.

좀 더 이유를 찾아보자면, 베트남이랑 우리랑 정서가 비슷해요. 연예인 이야기하는 것을 좋아하고, 최근 축구 경기에서 이긴 후 거리응원이 불타오른 것을 보면 우리 2002년 월드컵 보는 것 같아요. 개그 코드나 드라마 내용도 비슷해요.

다른 나라 사람들이 자신들을 어떻게 생각하는지 궁금해하는 것도 닮았어요. 우리나라에서도 유튜버 중에 '영국남자'가 유명하잖아요. 외국인이 자신들을 보고 좋아하면 뿌듯해하는 거죠. 베트남 경제가 발전하니 인정받고 싶은 욕구가 있는 것 같아요. 쌀국수 등 음식 말고 다른 문화는 덜 알려졌는데, 이게 알려진다고 생각하는 것 같아요. 그래서 리액션 비디오를 좋아해 주신 것 같아요. '아, 드디어 우리 문화를 알아주는구나' 이런 것 아닐까요?

대학을 졸업하고 취업하지 않고 바로 유튜브에 뛰어들었습니다. 전업 유튜버를 선택한 계기가 있나요.

취직을 하면 이걸 포기해야 할 것 같은 거예요.

대학 때는 당연히 졸업하면 취직하려고 그랬어요. '어디 회사 들어가야지' 하고 있었어요. 그냥 저희 과 나오면 다 그래요. 과가 작다 보니 재학생이 많지 않거든요. 선배들 보면 무역회사, 대기업, 은행 등에 많이 가요. 저도 거기 중 한곳에 취업할 거라고 생각하고 있었는데 4학년 1학기 때 유튜브를 시작했어요. 그때 고민이 많았어요. 이걸 계속해야 하나, 아니면 취직을 해야 하나 고민했죠.

그래서 아주 고민이 많았는데 어느 날 CJ ENM에서 연락이 왔어요. 1인 크리에이터를 지원하는 다이아 TV에 들어오라고요. 당시 구독자가 조금밖에 안 됐어요. 몇만도 안 됐을 때죠. 저는 '내가 될성부른 떡잎이구나' 해서 힘을 얻었어요.

연락받고 너무 기뻐서 '나도 이제 드디어 소속사가 생긴다' 이런 생각을 했어요. 100만 유튜버는 다 소속사가 있잖아요. 소속사 없는 사람은 어디에라도 속하고 싶은 거예요. '나도 어딘가에 소속되고 싶다' 이런 든든한 마음을 갖고 싶은 거죠. 실제 지원을 받아보니 심리적으로 안정되면서 '내가 혼자가 아니다'라는 생각이 진심으로 들었어요. 모르는 게 너무 많았는데 물어볼 사람이 생겨서 좋았어요. 가끔 비즈니스 이메일이 오는데, 잘 모르니까 답을 못하겠더라고요. 근데 소속사가 생기면서 자문을 구할 수 있게 된 거예요. 전에는 모든 협상을 혼자 해야 했는데, 이걸 대신해주니 너무 좋더라고요.

방송 준비는 어떻게 하나요.
콘텐츠를 제작하는 주기도 궁금합니다.

대본도 직접 쓰고 편집도 직접 해요.

보통은 방송 전에 대본을 거의 써요. 저는 꼼꼼한 편이어서 대본을 다 쓰고 그 틀 안에서 자유롭게 해요. 편집도 직접 해요. 저는 편집이 휘황찬란하지는 않은 것 같아요. PC 다루는 건 익숙하고, 유튜브 보고 편집을 배웠어요. 검색하면 강좌가 다 나오거든요.

저로 인해 글로벌한 소통이 일어나는 게 신기해요. '참 좋은 세상이다' 이런 생각이 들어요.

한편으론 '말하는 거 조심해야겠다' 이런 생각도 들어요. 어떻게 영향을 줄지 모르니까요. 편집할 때도 엄마한테 검사를 맡아요. 보는 사람이 기분 나쁘지나 않을까, 확인하는 거죠.

그래서 대본을 쓰는 거예요. 일단 대본 쓸 때 말이 좀 다듬어지고, 번역 다 하면 베트남 친구가 봐줘요. 제가 번역을 하고, 베트남 친구가 어색하지 않은지 봐주는 거죠. 처음에는 많이 고쳤는데 나중에는 고칠 게 좀 줄어들었어요. 대학교 때도 베트남어 실력이 중간 정도였는데, 언어가 쓰면 늘더라고요. 댓글 보면서 현지 표현이 늘고 그랬어요.

유튜브에 방송이 200개 정도 올라와 있는데, 저는 되게 적게 올리는 편이에요. 매일 올리는 분들도 있고 하루에 두세 개 올리는 분들도 있어요. 저는 일주일에 한 개 정도 올리니 되게 적게 올리는 편이죠.

저한테 맞게 개수를 정했어요. 여러 개 만드는 건 너무 힘드니까요. 조절을 해야 해요. 방학 때가 되면 조회 수가 뛰어요. 그때는 일주일에 세 개를 올리기도 해요. 연휴가 끼면 바빠서 안 보니까 그럴 땐 좀 쉬어주기도 해요. 이런 식으로 조절을 해야 해요.

아무리 베트남을 잘 안다고 해도 꾸준히 베트남 팬들이 좋아하는 영상을 만들기 쉽지 않을 것 같습니다. 콘텐츠를 제작하면서 힘든 점은 무엇인가요.

유튜버는 누구나 슬럼프에 빠져요...저는 책을 쓰면서 이겨냈죠.

유튜브 하면서 그만두고 직장을 가져야겠다는 생각을 많이 했어요. 중간중간 슬럼프가 올 때마다 그랬어요. 진지하게 '관둘게요'라고 이야기한 적도 많아요. "저 너무 힘들어서 못 하겠어요" 이렇게 이야기했어요.

꼭 그렇게 슬럼프가 와요. 유튜브 하는 사람은 누구든 와요. 늘 잘 될 수는 없거든요. 예를 들어 어떤 채널이 조회 수가 폭발하고 인기가 아주 많다가도 다른 채널이 등장하면 인기가 떨어지기도 해요. 어떤 채널은 구독자가 100만 명인데 조회 수가 1만 회밖에 안 나오기도 해요. 그러면 죽은 채널이거든요. 그럼 사람들이 안 보게 돼요.

만들 콘텐츠가 부족한 것도 고민이에요. 아이디어가 고갈되는 거죠. 창의력이 제일 힘들어요. 계속 새로운 주제를 생각해내야 하는 거요. 주제가 늘 생각나는 건 아니니까요.

이런 슬럼프가 유튜브를 처음 시작할 때도 왔고, 20만 때도 왔고 주기적으로 왔어요. 만들 영상이 없을 때가 힘들어요. 하긴 직장인 분들은 매일 그렇다고는 하더라고요. 제 친구들을 봐도. (웃음) 주변에서는 이런 사정을 모르니까 저를 부러워할 때가 많아요. 얽매이지 않고 자유로워 보이나 봐요.

저는 책을 쓰면서 이걸 극복했어요. 한국어 교재를 썼어요. 제 첫 책인데, 앞으로도 책을 열심히 쓰려고 해요. 원래 가르치는 걸 좋아해요. 제 책을 볼 사람들 생각하면 기쁘거든요. 베트남에서 영어책은 잘 팔린다는데 한국어책은 어떨지 걱정이에요.

방송 아이디어는 어디서 주로 얻으시나요.

댓글에서 아이디어를 많이 얻어요.

사실 댓글에서 아이템을 많이 얻어요. '언니 이런 거 궁금해요' 하면 그걸 제일 많이 해요. 베트남이나 한국에 무슨 일이 생기면 그런 걸 주로 방송하기도 해요. 베트남 공부도 많이 하고요. 페이스북 통해서 현지 소식을 많이 얻고, 베트남 현지 친구들이 많이 알려주기도 해요. 아이디어가 고갈되면 제가 하는 게 있어요. 베트남에 가요. 현지 소개하면 방송 아이디어가 나오거든요.

유튜브를 시작한 후 어떤 점이 가장 많이 변했나요. 수입도 궁금합니다.

유튜브가 제 삶을 바꿨어요.

방송 시작하고 삶이 많이 바뀐 것 같아요. 제가 원래 별명이 '할머니'였어요. 왜냐면 페이스북 같은 거 아예 안 했거든요. 카카오톡보다 문자메시지 보내는 게 더 편할 정도였어요. 저한테는 너무 어려웠어요. 할머니처럼 문자 이런 걸 더 선호했어요. 보고 싶은 영상 클릭만 하면 되니까 유튜브만 봤어요.

그런데 유튜브 방송을 시작하고는 SNS 소통하는 게 일상이 됐잖아요? 그래서 매일 사진 찍어 올리고 그래요. 저한테는 쉽지 않은 일이에요. 원래 사진을 많이 찍지 않았는데 지금은 매일 카메라 들고 다니고 항상 사진을 찍어요.

유튜브 수익, 나라마다 달라요.

수익을 많이 궁금해하시는데요. 조회 수에 따른 수익이 나라마다 달라요. 같은 조회 수가 나와도 어느 나라에서 봤느냐에 따라 수익이 달라요. 제 수입은 그리 많은 편은 아니에요. 그냥 평범한 회사원 수준이에요.

베트남이란 시장을 개척했습니다.
체리혜리처럼 새로운 시장을 찾으려면 어떻게 해야 하나요.

레드오션에도 틈새시장이 있어요.

요새 유튜브 채널이 너무 많아 포화상태예요. 뷰티 같은 경우는 심하게 많아서 레드오션이에요. '이건 없겠지' 해서 찾아보면 이미 많아요. 유튜브를 온종일 보면서 분석해본 결과 틈새시장을 노려야 한다는 점을 깨달았어요. 최근 인상 깊게 본 뷰티 채널이 까만 피부를 위한 제품만 하는 거예요. 그분이 뜨는 걸 보면서 '틈새시장을 하면 잘 되는구나' 이런 생각을 했어요. 틈새시장을 노리면 잘 될 것 같아요.

04

꽃보다유이

이름 김유이
나이 1995년생
구독자 수 약 40만 명
누적 조회 수 약 1,200만 회
소속사 와우엔터테인먼트
방송 주제 상황극, 브이로그, 뷰티 등

구독자 수·누적 조회 수 2019년 4월 기준

꽃보다유이는 상황극과 뷰티, 먹방 등 다방면에서 활약 중인 유튜브 1인 크리에이터다. 같은 소속사 남자 크리에이터 조재원과 함께 만든 '상황극에 중독된 여동생' 시리즈가 폭발적 인기를 얻으면서 한국과 중국에서 급성장하고 있다. 대본도 없이 카메라 하나 달랑 들고 '눈빛만 보고도' 코믹한 장면을 만들어내는 '찰떡궁합'이 예사롭지 않다. '사귀는 것 아니냐'라는 질문 공세에 시달리는 건 너무나 당연하다. 꽃보다유이가 이십 대 중반에 유튜브에서 성공을 일군 데에는 대학 새내기 시절 했던 '무모한 도전'이 큰 도움이 됐다. 패션디자인 전공을 살려 온라인 의류 쇼핑몰을 차렸으나 6개월 만에 '폭삭' 망했다. 이 경험을 계기로 '세상에 쉬운 일이란 없다'라는 교훈을 얻었다.

스물엔 사업 실패,
지금은 대륙 스타
'꽂보다유이'

꽂보다유이에 대해 소개해주세요.
유튜브를 시작한 계기도 궁금합니다.

조치원 '촌뜨기' 김유이예요.

유튜브 크리에이터 겸 뷰티모델 김유이예요. 유튜브에서 '꽂보다유이' 채널을 운영하고 있어요. 상황극이 주인데, 브이로그 쪽으로 방향을 잡으려고 해요. 2018년 봄에 시작해서 1년여 만에 40만 구독자를 넘었어요. 대전 유성구에서 태어나 충남 조치원읍에서 자란 '촌뜨기'예요. 서울에서 지낸 지 3년이 넘었는데 아직도 잘 모르고 신기한 게 많아요. 조치원을 아는 사람이 정말 드물어요. 만약 안다는 사람이 있으면 너무 반갑고 고맙기도 해요. 정말 우연한 계기로 유튜브 방송을 시작했는데 아마 조치원에서 1인 크리에이터는 제가 처음일 거예요. (웃음)

'넌 잘 될 거야' 주변 응원으로 유튜브를 시작하게 됐죠.

유튜브를 잘 몰랐어요. 원래는 페이스북에 사진과 영상을 올렸어요. 그런데 소속사인 와우엔터테인먼트에서 유튜브는 꼭 해야 한다고 말씀해주셨어요. 그래도 솔직히 유튜브에 대해서 잘 몰랐고 심지어 유튜브라는 걸 보지도 않았기 때문에 계속 미뤘어요. 제가 모르거나 관심 없는 건 전혀 안 하는 스타일이거든요. 새로운 매체에서 처음부터 다시 시작한다는 게 두렵다는 생각도 들었던 것 같아요.

그럼에도 주변에서 추천을 많이 해줬어요. '유튜브 하면 성공할 것 같아'라고요. 제가 찍은 영상이 보기 좋았나 봐요. 같은 소속사 언니 오빠들이 '유이 너는 영상을 잘 찍으니 유튜브를 잘 할 거다. 더 많은 사람을 즐겁게 해주자'라고 저를 설득했어요. 이 말에 훅 넘어갔던 것 같아요. 유튜브 가입이랑 채널 개설도 도와주고 그랬어요. 주위 분들 도움 덕분에 유튜브를 시작할 수 있었던 것 같아요. 정말 감사해요.

저는 고등학교 때부터 개인 방송을 해서 영상과 아주 친숙해요. 오랫동안 카메라를 마주했기 때문에 거부감이 없어요. 많은 사람들이 카메라를 보면 부담스러워하거나 부끄러워하시잖아요. 또 얼굴이 실제보다 부어 보이거나 이상하게 나온다고 생각하는 분도 많아요. 저는 그런 게 없어요.

카메라에 비치는 제 모습이 좋아요. 사진보다 영상이 더 좋아요.

처음엔 이해를 못 했지만 나중에는 응원해주셨어요.

유튜브 채널을 개설하자 주변 지인들이 '드디어 이제 시작하는구나' 하는 반응이 많았어요.

어려서 다른 곳에서 방송을 시작할 때는 주변에서 질타하는 사람들이 많았어요. 1인 크리에이터가 뭔지 잘 모르고 지금처럼 활성화되지도 않았을 때니까요. 이제는 다 지난 일이지만 속상한 일도 많았어요. 그런데 방송이 점점 잘 되니까 저를 이해해주는 지인들이 늘었어요. 나중에는 친구들도 제 방송에 나오고 싶어 했어요. 그래서 유튜브를 시작한다고 하니 자연스레 응원해주는 사람들이 많이 생겼어요.

유튜브 채널 개설 1년 만에 40만 구독자를 모았습니다. 빠른 성장을 만든 콘텐츠를 소개해주세요.

'상황극에 중독된 여동생' 시리즈 덕분에 큰 인기를 얻었어요.

저랑 조재원 님이 와우엔터테인먼트에 소속돼서 따로 채널을 운영하고 있었어요. 그런데 걸어서 2분밖에 안 걸릴 정도로 집이 가까워서 많이 친해졌어요. 평소 둘이 장난을 많이 쳤는데, 주변 사람들이 이걸 보고 재미있다고 생각하더라고요. 조재원 님이 먼저 이걸 카메라에 담아보자고 제안했어요. 그래서 한 번 찍어서 올렸는데 제가 보기에도 웃기더라고요. 조회 수가 평소보다 열 배 이상 나올 정도로 인기가 많았어요.

여러 SNS에 저희가 찍은 상황극 영상이 돌아다녔고 저희를 알아봐 주시는 분들은 모두 상황극 이야기를 하셨어요. 몇 년 동안 연락이 안 되던 친구들에게도 갑자기 연락이 올 정도로 많이 알려졌어요. 제 영상을 보고 즐거워하니 뿌듯하고 더 열심히 하고 싶다는 생각이 들었어요.

상황극을 보면 머리를 세게 때리는 장면이 자주 나와요. 하지만 맞을 때 안 아파요. 맞으면 그냥 놀라는 편이에요. 남매처럼 아옹다옹하기 때문에 즐겁게 봐주시는 것 같아요.

상황극 덕분에 다른 영상도 덩달아 조회 수가 늘었어요.

상황극 덕분에 구독자분들이 많이 유입된 것 같아요. 단순 뷰티 영상인데도 덩달아 100만 조회 수가 나오고 그랬어요. 상황극이 100만, 200만 조회 수가 나오다 보니까 그걸 보고 개인 채널에도 들어와 주시더라고요. 상황극에 중독된 여동생 시리즈는 조재원 님 채널에서 먼저 시작했으니 그쪽에 올리고, 새로운 코너가 생기면 꽃보다유이 채널에 넣으려고 생각 중이에요. 브이로그 채널을 많이 운영하다 보니 조재원 님과 함께 찍는 브이로그 쪽으로 기획을 하고 있어요.

'상황극에 중독된 여동생' 콘텐츠가 이런 큰 인기를 얻은 이유는 무엇인가요. 어떻게 콘텐츠를 제작하나요.

'느낌 알잖아?' 눈빛만 보고 라이브로 찍곤 해요.

평소에 라이브로 많이 찍어요. 찍고 나서 '이렇게 하면 더 웃길 것 같아' 그러면 다시 찍어요. 카메라 없을 때는 더 심하게 장난을 치거든요. 요새 유행하는 콘텐츠를 패러디하기도 해요. 예를 들어 보헤미안 랩소디, 스카이 캐슬 같은 걸 패러디하는 거죠. 대본은 가끔 쓰긴 하는데, 자세히 쓰지는 않아요. 큰 상황만 정해놓고 그냥 찍어요. '느낌 알잖아?' 이렇게 하고 찍어요.

상황극을 할 수 있는 아이디어는 무궁무진하다고 생각해요. 준비를 하지 않고 조재원 님과 길을 걷다가 무작정 카메라를 켜는 경우도 있어요.

조재원 님과의 케미가 너무 좋아서 연인이 아니냐고 오해하는 분들도 많습니다.

사귀는 사이 절대 아니에요!

남녀 사이에 친구가 없다고 하잖아요? 저도 그렇게 생각했는데, 조재원 님은 안 그래요. '가족 같다'라는 말을 예전에는 이해를 못 했어요. 이제는 알 것 같아요. 가족처럼 가까운 사이로 남을 거예요.

중국에도 많은 팬을 보유하고 있는데, 중국에서는 어떻게 인기를 얻었나요.

뜻밖에 중국에서 상황극을 많이 좋아해 주시네요.

웨이보와 틱톡에 조재원 님과 공동으로 '막을 수 없는 남매'라는 채널을 운영하고 있어요. 원래는 중국 채널을 운영하지 않았는데 상황극 남매를 본 중국 팬들이 이걸 자체 번역해서 돌려볼 정도로 인기를 얻었어요. 그래서 중국어 자막을 넣은 공동채널을 웨이보와 틱톡에 열었어요. 한 번은 한복을 입고 설 인사를 공동채널에 올렸는데 400만 조회 수가 나왔어요. 그 이후 구독자가 꾸준히 늘어서 현지 구독자가 110만 명 정도 돼요. 웨이보 신인상도 받았어요. 저희가 자연스럽게 행동하는 걸 중국 분들이 좋아하시는 것 같아요.

최근에는 상황극 외에 일상을 담는 '브이로그' 영상 비중이 커졌습니다. 브이로그 영상에 집중하는 이유가 있나요.

라이브 방송이 저랑 맞는 것 같아요.

제가 다양한 주제로 영상을 찍는데 그중에서도 지난 1년간 브이로그를 열심히 했어요. 저는 라이브 방송이 제 스타일에 더 맞는 것 같아요. 방 안에서 혼자 방송하는 것보다 어디 나가서 방송하는 게 더 좋아요. 방에서 영상을 찍으면 누군가와 대화를 하는 게 아니라서 할 말도 잘 떠오르지 않아요. 말을 잘하는 편이 아니라 혼자 찍을 때는 더 생각을 많이 하고 찍어요.

브이로그를 찍을 때 어려운 점은 제가 '기계치'라는 점이에요. 카메라 구도를 되게 못 잡아요. 삼각대 달랑 하나밖에 없어요. 그러다 보니 구도가 잘 안 나오더라고요. 카메라도 기본 기능만 사용해요. 정말 말 그대로 기계치라서 세팅이나 효과 없이 버튼 하나 누르고 촬영을 해요. 저도 편집을 배워봤지만 도저히 저의 학습능력과 센스로는 해내지 못한다고 판단해서 센스 있는 편집자님께 영상을 보내요.

갈 곳도 많고 할 일도 많기 때문에 브이로그 콘텐츠는 부족하지 않을 것 같아요.

길거리에서 라이브로 영상을 많이 찍는데 다른 사람들의 시선에 부담을 느낄 때는 없나요.

사람 많은 곳에서 영상 찍어도 부끄럽지 않아요.

브이로그 찍을 때 주위에 크게 신경을 안 써요. 남들에게 피해를 안 끼치니까요. 요새는 방송 찍는 사람이 많아 사람들도 신경 안 쓰시는 것 같아요. 저도 이런 방송 찍고 있는 분 보면 하나도 이상하지 않아요. 고등학교 때도 혼자 셀카 찍고 밥 먹고 혼자 잘 놀았어요. 남의 시선을 크게 신경 쓰지 않았어요. 사람 많은 한강공원에서 빨간 고무장갑을 얼굴에 뒤집어 쓰고 촬영하는데도 즐거웠어요. 이런 문화가 어느 정도 정착이 된 거 같아요.

방을 안 치운 장면이 그대로 영상에 나간 적이 있어요. 저처럼 사는 분들이 많을 거라고 봐요. 저를 솔직히 드러내 보이는 것에 별로 신경 쓰지 않아요. 이런 거 보여드린다고 결혼 못 하는 건 아니겠죠. (웃음)

어렸을 때는 정말 소심하고 부끄럼 많고 남 눈치를 많이 보는 성격이었는데 방송을 시작하고 나서 많이 바뀌었어요. 여러 사람들과 이야기를 하고 그 사람들이 저를 좋아해 주고 응원해줘서 지금의 나를 만들어 준 것 같아요.

상황극, 브이로그, 뷰티 등 다양한 주제로 영상을 만드는 이유가 궁금합니다. 슬럼프가 오면 어떻게 대처하나요.

채널 성격을 제한하지 않고 다양한 콘텐츠를 만들어보고 싶어요.

크리에이터가 좋은 건 하고 싶은 걸 마음대로 찍을 수 있다는 거예요. 먹방도 하고 싶어요. 브이로그, 뷰티, 상황극, 먹방 이런 걸 다 하는 종합채널로 만들려고 해요. 채널 성격을 제한하지 않으려고 해요. 편하고 친근하게 저를 봐주시는 것 같아요. 사람들이 제 사진을 보거나 저를 직접 보시면 차갑게 보인다는 말씀을 많이 하시는데요. 영상에서는 반전이 일어난다고 해요. 차갑게 봤는데 쉽게 다가갈 수 있고 털털한 모습에서 즐거움을 느끼시는 것 같아요.

방송을 하면 즐거워요. 남들이 저 때문에 웃고 즐거워하면 좋아요. 더 즐거움을 드리고 싶어요. 제가 사람들과 공감할 수 있다는 게 좋고, 사람들이 제 말에 공감해줄 때 즐겁고 뿌듯해요. 그런 분들을 보면서 저도 힘을 내고 더 열심히 해야겠다는 책임감이 많이 생겨요.

슬럼프가 오면 억지로 뭘 하려고 하지 않아요.

슬럼프가 많이 왔었는데 대부분 정말 짧게 지나갔어요. 기분이 좋지 않을 때나 생각대로 방송이 되지 않을 때는 억지로 뭘 하려고 하지 않아요. 그냥 기분이 나아질 때까지 맛있는 걸 먹거나 잠을 자요. 가끔 술을 한잔 하기도 하고요.

꽃보다유이가 시청자와 소통하는 방법이 궁금합니다.

라이브 방송으로 시청자와 소통해요.

라이브 방송을 하면서 가능하면 질문에 답해드리려고 해요. '화장품 뭐 쓰세요' '조재원 오빠와 사귀시나요' 이런 질문이 많아요. 구독자 요청을 많이 반영하고 싶기도 해요. '조재원 님한테 고백 몰카 찍어 달라'라는 요청도 많았어요.

유튜버를 하면서 무엇이 가장 많이 변했나요. 직업으로서 1인 크리에이터를 평가해주세요.

이름이 알려지면서 더욱 바르게 살려고 노력해요.

조심해야 할 게 많이 생겼어요. 사람이 바르게 되는 것 같아요. 공인이 된 것 같아요. 나이를 불문하고 방송에서 저를 다 보니까 언행을 조심하려고 해요.

사춘기 때 본질적 질문을 하잖아요. '나는 왜 존재하는가.' 어디 가도 소심하고 말도 잘 못하고 그랬어요. 그런데 방송하고 나서 사람들이 저를 잘 봐주고 저를 보면서 행복해하는 모습을 보면서 저도 저 자신을 더 중요하게 생각하게 된 것 같아요.

1인 크리에이터, 매력적인 직업이에요.

1인 크리에이터 산업이 잘 될 것 같고 잘 됐으면 좋겠어요. 저는 유튜브를 하면서 더 밝아졌어요. 매력적인 직업이라고 생각해요. 자기를 표현할 수 있는 직업이 많지 않잖아요.

수익을 목적으로 유튜브를 시작하면 안 되는 것 같아요. 즐길 수 있고 하면서 행복하다면 잘 될 것 같아요.

2년 차 유튜버로서 유튜브를 시작하려는 분들께 간단한 조언 부탁드립니다.

유튜브, 실제로는 그렇게 쉽지 않아요.

제가 패션디자인을 전공했어요. 과에 맞게 쇼핑몰을 해봐야겠다는 생각을 하고 덜컥 여성 의류 쇼핑몰을 시작했어요. 고등학교 때 개인 방송으로 조금 모아둔 돈이 있었는데 이걸 쇼핑몰 사업으로 다 까먹었어요. 너무 쉽게 생각했던 것 같아요. 내가 옷 입고 찍어서 팔면 되겠다고 생각했는데 그게 아니더라고요. 6개월 만에 사업을 접었어요. 집에서도 많이 혼났어요.

그 경험을 통해서 많이 배웠어요. 사업에 실패하고 나서 더 배우고 노력해 다시 사업을 하려는 분들이 많이 계시는데 그런 분들이 존경스러워요. 저는 아직까지는 다시 사업할 생각은 없어요. 이제는 무엇이든 쉽게 보지 않아요. 아무리 쉬워 보이는 일도 막상 해보면 쉽지 않다는 것을 알아요. '저게 뭐가 어려워? 나도 할 수 있겠네' 이런 이야기를 절대 하지 않아요.

유튜브도 마찬가지예요. '먹방 나도 하겠다' '유튜브나 해볼까?' 이런 말씀을 하는 분들이 있는데요, 실제로는 그렇게 쉽지 않거든요.

정선호

킴닥스

피지컬 갤러리

로디

CHAPTER 2

양수겸장, 투잡 뛰는 유튜버

유튜브로 월급
두 번 받는 투잡러들

05

정선호

이름 정선호
구독자 수 약 130만 명
누적 조회 수 약 3억 3,500만 회
소속사 와우엔터테인먼트
방송 주제 몰래카메라, 상황극

구독자 수·누적 조회 수 2019년 4월 기준

정선호는 구독자 130만 명을 보유한 유튜브 채널 '정선호'를 운영하고 있다. 성균관대 박사 과정에 재학하면서 이런 성과를 냈다는 사실을 알고 나면 정선호에 대한 궁금증은 더욱 커진다. 더군다나 음반까지 발표한 프로듀서라는 사실을 들으면 '세상은 불공평하다'라는 생각이 절로 든다. 그만큼 정선호는 '다재다능' 그 자체다. 페이스북에 우연히 올린 귀여운 영상 하나가 엄청난 호응을 얻으면서 공부만 하던 그의 인생이 완전히 달라졌다. 엄마와의 일상을 간직하기 위해 찍기 시작한 '착한 몰래카메라'는 그를 100만 유튜버 반열에 올려놓았다.

박사 과정 열공남의 '유튜버로 성공하는 법'

박사 과정 학생, 프로듀서, 유튜버 등 정선호를 설명하는 수식어가 많습니다. 정선호에 대해 간단히 소개해주세요.

성균관대 화학과 박사 과정에 다니며 유튜브 채널을 운영하고 있어요.

성균관대 화학과 박사 과정 재학 중인 정선호라고 해요. 취미로 유튜브 활동과 음악 프로듀싱을 하고 있어요. 다른 사람이 영상을 찍을 수 있도록 기획하는 일도 돕고 있어요. 졸업하면 전공을 살릴 거냐는 질문을 많이 받는데, 저는 다른 길을 갈 것 같아요. 엔터 회사에서 기획 일을 하고 싶어요. 제가 욕심이 많아서 사업도 준비하고 있어요. 올해 박사 과정을 마치기 위해 현재 마무리 연구를 하고 있어요.

화학 전공자와 유튜버라니 둘 사이의 연관성이 별로 없는 거 같아요.

화학과 유튜브, 그렇게 거리가 멀지 않아요.

화학 전공자가 유튜브를 한다고 하니까 궁금한가 봐요. 둘이 연관이 있느냐고 많이 물어보시는데요. 저는 거리가 멀지 않다고 봐요. 기초과학은 철학이나 논리학과 관련이 깊어요. 모든 일은 화학 연구실에서 갖는 태도나 논리와 벗어나지 않아요. 만약 화학을 전공하지 않았다면 제가 일을 할 때 두각을 나타내지 못했을 것 같아요. 예를 들어 화학에서 실험을 하고 결과가 안 나오면 조건을 바꿔서 다시 실험해요. 이걸 하려면 논리가 필요해요. 왜 이런 결과가 나왔는지 분석을 해야 해요. 영상도 마찬가지예요. 한 번 찍었는데 반응이 별로면 원인을 분석해서 다시 찍고, 음악도 마찬가지예요.

학교 덕에 더 믿어주시는 것 같아 책임감도 느껴요.

제 학력에 관심을 갖는 사람이 많아요. 페이스북 자기소개란에 제 정보가 있고, 학교에서도 사람들을 마주치다 보니 제가 성균관대 박사 과정이라는 게 자연스럽게 알려졌어요. 어디서 잘 놀던 사람인 줄 알았는데 알고 보니 박사 재학 중이라니, 반전이라고 생각한 것 같아요. 제가 어떤 말을 하면 더 신뢰를 하는 것 같아요. 영상에 풍자를 넣어도 더 신뢰해주시는 것 같아요. 저 때문에 성균관대를 왔다는 친구도 봤어요. 한편으로 더욱 조심하려고 노력해요. 제가 사고를 치면 진짜 안 되겠다는 생각이 들어 늘 조심해요.

전공을 열심히 공부하던 학생이었는데 어떻게 유튜버의 길로 들어선 건가요.

우연히 올린 영상이 대박이 났어요... 전율을 느꼈죠.

석사 과정 때 우연히 유튜브를 시작했어요. 어느 날 신촌에 놀러 갔다가 귀여운 인형이 있어 샀는데, 혼자 보기 아까워 영상을 찍어 페이스북에 올리려고 했어요. 근데 너무 밋밋해 보여서 인형과 어울리는 음악을 깔았어요. 편집을 할 줄 모르니까 검색으로 간단히 배워서 페이스북에 올렸어요. 다음날 일어나 보니 좋아요가 13만 개, 팔로워가 7,000명이 돼 있었어요. 휴대폰을 여니 메시지와 전화가 수백 통 와 있는 거예요. '영상 센스 있게 잘 만들었다'라는 댓글을 보고 굉장히 뿌듯함을 느꼈어요. 살면서 이런 느낌은 처음이에요. 성적이 잘 나오거나 목표를 달성해서 '자기만족'을 얻은 적은 있지만, 가족 외의 사람들을 만족시킨 건 처음이에요. 설명할 수 없는 전율을 느꼈어요.

영상 활동, 멈출 수가 없었어요.

그때까지 공부와 화학 실험만 했는데, 이제는 멈출 수가 없게 됐어요. 그때부터 '심장 싸대기'라는 이름으로 귀여운 영상을 만들어 퍼뜨리기 시작했어요. 귀여운 강아지나 아기 영상을 허락을 맡고 다른 SNS 채널에서 가져와 새로운 영상으로 만들었어요. 국내에서는 허락을 잘 안 해주시는데, 외국 분들은 흔쾌히 허락을 해주셨어요. '슈어Sure'가 전부였죠. 강아지 영상에 자막을 넣는 등 2차 가공 영상을 올렸더니 많이 좋아해 주셨어요. 이런 영상을 만드는 사람이 거의 없었던 것 같아요.

주력 콘텐츠가 어머니와 함께하는 몰래카메라인데 어떻게 시작한 건가요.

엄마와의 추억을 기록하기 위해 시작했어요.

앞서 얘기한 것처럼 영상 활동을 1년을 하니 페이스북 팔로워가 17만 명 정도 됐어요. 어느 날 자취방에서 편집을 하고 있는데 엄마한테 전화가 왔어요. "이번 주에 안 와?" 주말마다 안성에 가서 부모님과 시간을 보내곤 했는데, 영상을 만드는 데 빠져서 주말도 잊고 살았던 거죠. '이게 불효구나' 하는 생각이 들었어요. 그날 가만히 앉아 고민을 많이 했어요. 영상을 만들 것인가 부모님과 시간을 보낼 것인가를 선택해야겠더라고요.

엄마가 평범한 분은 아니셨어요. 그래서 엄마와 영상을 찍어서 간직해야겠다고 생각했어요. 거침없는 말투가 엄마의 캐릭터인데, 그걸 자연스럽게 살리려면 '몰카' 형식이 필요하다는 아이디어가 떠올랐어요.

엄마랑 수영장을 자주 갔는데, 제가 안 간다고 떼쓰는 모습을 담은 게 제 첫 몰카예요. 이걸 찍고 편집까지 했는데, 유튜브에 올릴 생각은 없었어요. 근데 4시간 편집해서 엄마께 보여드렸더니 정말 좋아하시더라고요. '내가 이래?' 이러면서 좋아하셨어요. 평소의 모습을 담아줘서 너무 고맙다고 지금도 말씀하세요. 쌓이니까 저도 일기 같고 좋아요.

엄마가 먼저 "이거 인터넷에 올려봐" 이러셨어요. 제가 "엄마 욕하고 그러는데 괜찮아?" 물었는데 괜찮다고 하셔서 페이스북에 올렸어요. 한 시간 만에 좋아요가 4만 개 찍혔어요. 엄청난 속도로 좋아요가 늘어나는 것을 보면서 '아, 이거구나'라는 생각이 들었어요. 사람들이 유튜브에도 올려 달라고 요청해 유튜브도 동시에 올리게 됐어요. 몰카를 올리면서 페이스북 팔로워가 급격히 늘기 시작해 80일 만에 17만 명에서 100만 명으로 늘었어요. 유튜브도 동시에 영상을 올려서 두 달 만에 30만~40만 명 정도 구독자가 생겼어요.

영상을 보면 자막에 신경을 많이 쓴다는 게 느껴집니다. 자막에 많은 정성을 들이는 이유가 있나요.

자막 없는 영상은 올리지 않겠다고 약속했어요.

유튜브 초기에 자막 없이 영상을 올린 게 있어요. 바빠서 편집을 못했어요. 그런데 청각장애인분들이 댓글을 달아서 '내가 귀가 안 들리는 사람인데 댓글이 없으니 불편하다'라고 하셨어요. 이걸 보고 망치로 맞은 듯한 느낌을 받았어요. 그동안 많은 사람을 즐겁게 해준다고 생각했는데, 누군가는 소외됐다는 걸 느끼고는 많이 놀랐어요. 이런 생각을 못 해봤거든요. 아차 싶어서 바로 답글을 달아서 '영상 활동을 하는 이상 자막 없는 영상은 올리지 않겠다'라고 약속했어요. 이후 자막 작업을 세심하게 했어요. 등장인물에 따라 자막 색깔을 다르게 하고, 그 인물 위치에 따라 자막을 옮겼어요. 또 사투리나 외국어 발음은 최대한 실제와 유사하게 자막을 만들어요. 이렇게 하면 일반 영상보다 편집 시간이 세 배 정도 더 걸려요. 이 사실이 알려져서인지 청각장애인분들 중에 제 팬이 많아요.

한 번은 마트에서 장을 보고 있는데 어떤 분이 달려오시더라고요. 보통 사진 찍어 달라는 분들이 많아요. 근데 이분은 아무 말씀 없이 휴대폰을 꺼내주시더라고요. 당연히 카메라인 줄 알고 사진 찍어 드리려고 했는데 거기에 메모가 있었어요. '제가 귀가 안 들리는데 선호 씨 영상 재미있게 보고 있어요.' 귀가 안 들리셔서 말씀도 못 하시는 분 같았어요. 이때가 자막 작업하고 1년쯤 지난 때였는데요. 눈물이 나면서 큰 보람을 느꼈어요. 집에 가서도 이 장면을 생각하며 '내가 잘 해오고 있구나' 하는 마음이 들었어요. 지금은 저와 비슷하게 자막 작업을 하는 유튜버 분들이 생겨나서 뿌듯해요. 편집자 구인을 할 때 이런 점을 반드시 언급해요.

콘텐츠에 구독자의 좋은 행동 변화를 유도하는 메시지를 넣습니다. 이유가 있나요.

'선한 영향력'을 미치려고 노력해요.

제가 사회적인 부조리함을 못 참는 성격이에요. 논리에 어긋나면 못 참는 거 같아요. 논리적인 공부를 하다 보니 더 그런 것 같아요. 그냥 부조리하다는 걸 지적하면 아무도 반응을 안 해요. 그런데 유명인이 그 사건을 지적하면 엄청난 반응이 오는 걸 봤어요. 그래서 선한 영향력과 메시지를 주려면 내가 좀 더 유명해져야겠다는 생각을 했어요. 구독자 100만 명이 되는 지금은 학교 폭력 하지 말자, 음주운전하지 말자, 이런 사회적 메시지를 많이 담고 있어요. 최대한 사람들이 많이 보게 재미있게 찍어서 이런 메시지를 넣을 때 많은 분들이 좋아해 주세요. 팬미팅에서 들어보면 재미있는 콘텐츠에 사회적 메시지를 넣는 게 멋있다는 분들이 많아요.

콘텐츠 아이디어는 어떻게 얻나요.
정선호만의 노하우가 궁금합니다.
혹시 참고하는 다른 채널이 있나요.

메모하는 습관이 차이를 낳는 것 같아요.

언젠가부터 엄마가 몰래카메라에 안 속으시더라고요. 실패 영상이 더 많아졌어요. 그러다 보니 새로운 콘텐츠를 찾아야 했어요.

훌륭한 위인전을 보면 메모를 많이 하라고 하잖아요. 예전에는 이해를 못 했는데, 지금은 이해가 가요. 밥 먹다가, 일하다가 메모를 한 게 다 영상으로 이어져요. 스마트폰 켜면 자주 쓰는 앱을 바탕화면 제일 좋은 위치에 두잖아요. 저는 메모장과 녹음 앱을 언제든 켤 수 있게 둬요. 사람이 어떤 분야를 좋아하면 아이디어가 생각날 수밖에 없어요. 그걸 메모하느냐 안 하느냐가 차이를 낳는 것 같아요. TV를 보다가도 제가 하는 일과 연관이 생기면 바로 메모를 해요.

'신발 신고 다니는 아들을 보는 엄마'라는 몰카도 영화를 보다가 메모를 한 거예요. 미국 사람들은 집에서 신발을 신고 다니잖아요. 그래서 그걸 몰카로 해본 거예요.

새로운 콘텐츠를 준비하고 있어요.

'멀시'라는 새로운 콘텐츠를 준비하고 있어요. '멀고도 가까운 시월드'의 줄임말이에요. 여성 게스트가 간접 시월드를 체험해요. 시어머니와 함께 김치 담그기 등 주제를 주고 리얼 버라이어티를 찍는 거죠. 이걸 기획해서 해보려고 해요. 콘티 없이 리얼 버라이어티로 가려고 해요. 엄마가 시어머니 역할을 하고 남편 역할은 제가 하죠. 벌써 재미있을 거 같아요. 처음에는 얼굴이 알려지지 않은 일반인을 초청하고, 나중에는 유명한 분과도 협업하고 싶어요. 이 과정에서 각자가 느끼는 감정을 인터뷰로 넣으려고 해요. 시어머니 감정, 며느리 감정, 남편 감정을 다 넣는 거죠. 서로를 이해하는 데 도움이 될 것 같아요. '선한 영향력'의 연장선으로 볼 수 있어요.

다른 분이 만든 영상은 일부러 안 보려고 해요.

일부러 다른 분이 만든 영상을 안 봐요. 지인 영상이나 알고 싶은 정보가 담긴 영상만 찾아보는 정도예요. 영화는 제가 좋아하기 때문에 보지만, 다른 1인 크리에이터 영상은 일부러 안 보려고 해요. 제가 이걸 무의식적으로 따라하거나 베낄 수 있다는 생각이 들어서예요. 영화는 좋아해서 개봉작은 거의 다 봐요. 제가 연기에도 관심이 있어서 영화는 챙겨봐요.

여러 음반을 낸 프로듀서이기도 합니다. 음악 작업을 하는 이유는 무엇인가요.

영상 외에 음악이나 연기로도 즐거움을 주고 싶어요.

음악도 사람들에게 즐거움을 주기 위한 것 중 하나예요. 영상으로 즐거움을 줬지만, 가능하면 음악이나 연기로도 즐거움을 주고 싶어요. 일렉트로닉 댄스 뮤직EDM 매력에 빠져서 대학 입학 후 열심히 듣고 따라 했어요. 처음에는 하루에도 수십 곡씩 쏟아져 나오는 EDM 장르 곡을 다 듣고 좋은 곡과 안 좋은 곡을 고르는 습관을 가졌어요. 그때부터 대중적인 감각이 생긴 것 같아요. 제가 좋아하는 곡을 다른 사람에게 추천했더니 좋아하더라고요. 그래서 디제잉을 하게 됐어요. 디제잉을 전혀 할 줄 몰랐는데, 그냥 마트에 가서 디제잉 기기를 사 왔어요. 집에서 다 돌려보고 눌러보고 하면서 독학으로 배웠어요.

내 노래가 아니면 사람들이 좋아하더라도 기쁘긴 하지만 뿌듯하지는 않더라고요. 그래서 내 음악을 해야 한다는 생각이 들었어요. 계이름도 모르지만 작곡 프로그램을 사서 독학으로 배워서 음반을 내고 있어요. 지금까지 네 장을 냈는데 반응이 좋아요.

유튜버 활동이 음악 활동에 도움을 주기도 하나요.

영상 팬이라고 음악까지 좋아해주지는 않아요.

유튜브 활동이 음악 활동에 도움이 되는 건 20% 정도예요. 사람들 귀는 정확해요. 제 영상 팬이라고 음악까지 좋아해 주지는 않아요. 그런데도 좋아해 주는 분들이 많아 신기해요. 음악은 '서노찌'라는 별도 유튜브 채널에 올리는데, 앨범 영상이 4개뿐인데 구독자가 3만 명이 넘어요. 이제 곧 다섯 번째 앨범이 나와요. 해외에서도 조금씩 호응을 얻고 있어요.

악플 때문에 잠깐 방송을 중단하기도 했습니다.
지금은 악플에 어떻게 대처하나요.

악플러는 세상을 온전하게 못 보는 분들이라고 생각해요.

이제는 악플 다는 사람은 불쌍하다고 생각해요. 제가 좋은 의도에서 시작한 엄마와의 몰래카메라 영상인데, 이걸 보고 악플을 심하게 다는 분들이 많았어요. 처음에는 굉장히 마음이 아팠어요.

악플 다는 분들은 세상을 온전한 시선으로 보지 못하는 사람 같아요. 지금은 그냥 넘어가요. 지금도 심한 악플을 보면 동요가 되긴 하지만, 최대한 담담하게 넘어가요. 예전에는 신경을 많이 쓰고 계속 생각했어요. 손까지 떨고 심지어 방송을 중단하기도 했어요.

제가 영상 복귀했을 때 시청자분들께 한 말이 있어요. 앤디 워홀이 이런 말을 했어요. "내가 만든 결과물을 사람들이 어떻게 평가할지 신경 쓸 시간에 나는 작품 하나 더 만든다." 이 말을 좋아해요. 제가 잘하는 거 하나라도 더 하자는 생각을 해요.

현재 학업 중인데 학업이 끝난 후에는 어떤 계획을 가지고 있나요.

박사 과정 마치면 팬과 많이 만나려고 해요.

팬미팅을 지금까지 한 번밖에 안 했어요. 시간이 부족해요. 평일에는 연구를 해야 하고, 주말에도 프로듀싱이나 영상을 만들어야 해서 팬과 만날 기회가 많지 않아요. 졸업을 하면 기회가 많이 생길 것 같아요.

뭐든 잘하는 만능 엔터테이너가 되고 싶어요.

제가 여러 분야에 도전하고 조그만 성과물을 내놓으니 많은 분이 기대를 가져주시는 것 같아요. 저도 욕심이 많아서 계속 도전을 하고 싶어요. 사람들을 즐겁게 하고 선한 영향을 줄 수 있는 일이면 도전하려고 해요. 노래는 하지 않겠지만 작사, 작곡, 편곡은 계속할 거예요. 앞으로 연기도 하고 싶어요. 뭐든 잘하는 만능 엔터테이너가 되고 싶어요.

1인 크리에이터 시장은 어떻게 발전할까요. 유튜브 영향력은 계속 커질까요.

스마트폰이 있는 한 1인 미디어는 사라지지 않을 것 같아요.

모바일이 사라지지 않는 이상 1인 미디어는 사라지지 않을 거라고 봐요. 1인 미디어는 스마트폰이 100% 역할을 했다고 생각해요. 만약 DMB가 지금 스마트폰 자리를 차지했다면, TV가 지금처럼 죽지는 않았을 거예요. 스마트폰은 언제 어디서나 들고 다닐 수 있기 때문에 이걸 넘어서는 기술이 나오지 않는 이상 질 수가 없다고 생각해요. 스마트폰의 접근성을 이길 수 있는 다른 매체가 나오지 않는 한 1인 미디어는 사라지지 않을 거라고 봐요.

하지만 플랫폼은 장담 못 해요. 언제든 대체가 가능해요. 다만 유튜브는 축적된 영상이 많기 때문에 다른 플랫폼이 치고 들어오기에는 진입장벽이 높다고 봐요. 틱톡처럼 다른 스타일의 플랫폼이 생기지 않을까 싶어요.

유튜브를 하면서 가장 많이 바뀐 건 무엇인가요.

하고 싶은 일을 다 해서 행복해요.

사람들에게 선한 영향을 줄 수 있어서 기뻐요. 육체적으로는 매우 힘들지만 정신적으로는 지금보다 행복할 수가 없어요. 하고 싶은 일을 다 해서 아주 행복해요. 부모님과 여행을 간다든지, 음악 작업을 한다든지 제가 하고 싶은 많은 일들을 할 때 금전적 제한이 줄어들어서 고마움을 느껴요.

06

킴닥스

이름 김다은
나이 1994년생
구독자 수 약 52만 명
누적 조회 수 약 4,600만 회
소속사 다이아 TV
방송 주제 뷰티, 일상

구독자 수·누적 조회 수 2019년 4월 기준

킴닥스는 자신감 넘치는 팔방미인이다. 경쟁이 치열한 유튜브 뷰티 채널을 운영하며 50만 명이 넘는 구독자를 확보했고, 영화감독으로도 데뷔했다. 최근에는 회사를 설립하고 대표를 맡아 눈코 뜰 새 없이 바쁜 나날을 보내고 있다. 경력만 들으면 최소 서른 살은 넘었을 것 같지만 놀랍게도 올해 대학을 갓 졸업한 만 24세의 재원이다. 학창 시절 반장과 학생회장을 도맡았을 정도로 뛰어난 친화력과 리더십이 가장 큰 장점이다. 어린 시절 즐겁게 본 애니메이션이 나중에 일본 작품이었다는 걸 알고 충격을 받아 영상제작자의 꿈을 키웠다. 진지한 열정과 끊임없는 도전이 킴닥스를 키운 밑거름이다. 킴닥스는 "유튜버에 안주하지 말고 항상 내실을 다져야 한다"라고 조언했다.

인기 유튜버에 영화감독·창업까지, 만 24살 킴닥스가 사는 법

채널명이자 활동명이 독특합니다.
킴닥스에 대해 간단히 소개해주세요.

영화감독이자 유튜버 킴닥스입니다.

영화감독으로 활동하면서 뷰티, 일상, 웹 무비 등 다양한 콘텐츠를 유튜브 채널에 올리고 있어요. 중앙대 미디어학과를 2019년 졸업했어요. 대학교 1학년 때인 2013년 유튜브를 시작해 현재 구독자는 52만 명이에요.

제 이름이 김다은인데 친구들이 애칭으로 '킴다'라고 불렀어요. 그러다가 '킴다의'라는 뜻으로 '킴다스Kimda's'가 됐고, 결국 발음이 유사한 '킴닥스KIMDAX'가 됐어요. 제가 앞으로 다양한 일을 할 때 뒤에 어떤 단어를 붙여도 브랜드명이 되는 것 같아 채널 명을 킴닥스로 했어요.

처음 유튜브를 시작한 2013년은 지금처럼 유튜브가 핫한 서비스는 아니었는데요, 유튜브를 시작한 이유가 궁금합니다.

유튜브가 좋은 영상 저장소라고 생각했어요.

처음부터 뷰티 채널을 운영해야겠다는 생각을 한 건 아니에요. 저의 오랜 꿈이 한국을 세계에 알리는 영상제작자가 되는 것이었어요.

영상제작자가 되려면 영상을 저장하는 곳이 필요한데 유튜브가 좋은 저장소라고 생각했어요. 처음 유튜브에 영상 올렸을 때는 유튜브가 유명하지 않았기 때문에 주변에서 '너 뭐 해?' 이런 반응이었어요. 부모님은 제가 늘 이상한 걸 많이 하니까 그러려니 하시더라고요.

대학 입학 당시부터 영상제작자라는 꿈이 명확했는데, 영상에 관심을 가진 계기가 있나요.

재미있게 본 만화가 알고 보니 일본산...콘텐츠의 힘 깨달았죠.

일곱 살 때 포켓몬스터가 유행했어요. 한국 성우가 더빙한 것을 봤으니 당연히 한국 만화라고 생각했어요. 그런데 만화를 보다가 이상하다는 생각이 들었어요. 중요한 날에 기모노를 입고 후지산도 나오고요. 그래서 엄마한테 물었더니 일본 만화라고 하시는 거예요.

당시 유행하던 만화들이 일본 작품이라는 걸 알고 많이 놀랐어요. 막연하게나마 콘텐츠가 문화를 전파하는 힘이 강하다는 걸 처음 깨달았던 것 같아요.

제가 그림 그리는 걸 좋아해서 '나는 한국 문화가 담긴 만화를 그려야지'라고 생각하는 계기가 됐어요. 한국을 세계에 알리는 애니메이션 제작자가 되고 싶었어요.

초등학교 때 만화책을 만들어 친구들에게 보여주곤 했어요. 친구들이 재미있게 봐주더라고요. 그때부터 콘텐츠를 만들어 남에게 보여주는 것에 익숙해진 것 같아요.

학교 재학 중에 영화감독으로 데뷔하는 등 성격이 활달하고 리더십이 강하다는 인상을 받았습니다. 학창시절에는 어떤 학생이었나요.

약속을 지키는 사람이 되고 싶었어요.

학교 다닐 때 반장이나 학생회장을 몇 번 했어요. 공약을 안 지키는 정치인이 싫어서 공약을 꼭 지키겠다고 약속을 했던 게 도움이 된 것 같아요.

초등학교 때 전교 회장 출마하면서 '사랑의 우체통'을 만들겠다고 했는데 실제로 실현이 됐어요. 철물점 가서 만들었어요. 졸업하고 7년쯤 지나서 모교를 갔는데 그때도 있더라고요.

이게 소문이 났는지 중학교 때도 '공약을 지킨다'라는 약속이 지지를 얻어서 학생회장이 됐어요. 그때는 여학생 교복 조끼가 얇은 게 문제였어요. 저는 남학생들처럼 두툼한 조끼를 입도록 해주겠다고 약속했어요. 학교에서는 당연히 안 된다고 했죠. 그래서 제가 설문조사를 했어요. 이게 왜 필요한지 조사하고 보고서를 만들어 교장 선생님을 찾아갔죠. 그랬더니 교장 선생님이 해주겠다고 하셨어요.

유튜브를 처음 시작한 당시에는 지금처럼 많은 구독자와 조회 수를 만들기 어렵지 않았나요. 채널을 운영하면서 처음 가능성을 확인한 영상이 있었나요.

겨울왕국을 약간 손본 영상이 대박이 났어요.

제가 유튜브를 시작할 때 한국에서 구독자 10만 명 넘는 게 큰일이었어요. 지금은 100만 명도 있고 200만 명도 있는 걸 보면 신기해요.

처음 영상 올렸을 때 유튜브를 많은 사람이 한다는 걸 의식하지는 못했어요. 그냥 외국에서 많이 본다는 정도만 알았어요. 그러던 어느 날 겨울왕국이 유행할 때 엘사, 올라프 등 겨울왕국 캐릭터들이 한복을 입고 새해 인사를 하는 영상을 올렸어요. 그랬더니 갑자기 조회 수가 확 오르면서 10만 명이 넘게 본 거예요. 언어 장벽이 없는 콘텐츠다 보니 외국에서도 많이 본 것 같아요. 덩달아 채널 구독자도 막 오르더니 700명을 넘었어요. 이게 너무 이상한 느낌을 줬어요. 700명이면 대학교 1학년 때 우리 반 친구 30~40명보다 훨씬 많은 건데 '대체 몇 반이 내 영상을 본 거지?' 이런 생각이 들었어요. 생각보다 많은 사람이 유튜브를 본다는 사실을 깨달은 순간이에요.

현재 킴닥스 콘텐츠의 중심은 뷰티입니다. 처음부터 뷰티 유튜버를 계획한 게 아닌데 뷰티 콘텐츠에 집중한 이유가 있나요.

뷰티 콘텐츠를 올리면서 구독자가 크게 늘었어요.

모 회사에서 진행하는 '뷰티 유튜버 육성 프로그램'에 참가한 적이 있어요. 여기서 뷰티 콘텐츠를 만들었는데 심사 최종 단계까지 가서 유튜브 메인 광고에 걸렸어요.

사과 자르는 기괴한 백설공주가 나오는 내용이었어요. 제가 노란 머리를 한 백설 공주로 등장해 무섭게 사과를 썰고 그랬어요. 이게 메인 광고에 걸리니까 정말 많은 사람이 보고 댓글도 많이 달리더라고요. 반응이 좋아서 '뷰티 영상을 계속 만들면 재미있겠다' 이런 생각을 하게 됐어요. 뷰티 영상을 올리면서 구독자가 몇천 명에서 몇만 명으로 뛰었어요.

그런데 대학 다니느라 힘드니까 영상을 많이 못 올렸어요. 어느 날 엄마가 "나중에 진짜 감독이 됐는데 '킴닥스 감독님 예전에 뷰티 유튜버 하셨다면서요'랑 '예전에 아주 유명한 뷰티 유튜버 아니셨나요'는 어감이 다르지 않겠냐"라고 말씀해 주셨어요. 열심히 하지 않으면 후회한다는 의미였어요. 갑자기 정신이 확 들면서 이왕 하는 거 열심히 하자고 결심했어요.

'연예인 커버 메이크업'으로 구독자 10만 명 돌파했죠.

열심히 하자고 결심하고 무얼 할까 고민하다 생각해낸 게 '유명인 따라 하는 커버 메이크업'이었어요. 이미 인기 있는 콘텐츠이긴 했지만 나만의 방식으로 재미있게 해보자고 생각했어요. 저는 스틱 화장품 하나로 연예인 얼굴을 따라 하면서 사람마다 특징을 색깔로 표현해봤어요. 현아면 빨강, 설리면 분홍 이런 식으로 커버 메이크업을 해서 영상을 올렸어요. 이 영상이 인기를 끌면서 구독자 10만 명을 넘었어요.

연예인은 코와 눈썹이 포인트예요. 예를 들어 수지는 코가 반듯해서 느낌을 살리기가 좋아요. 얼굴 느낌을 살려서 캐리커처 그리듯이 했어요. 저렴한 화장품으로도 이런 걸 할 수 있다는 것을 보여주니까 젊은 층이 많이 봐준 것 같아요.

뷰티 콘텐츠는 경쟁이 치열한 레드오션 시장입니다. 이 시장에서 차이를 만든 킴닥스만의 경쟁력이 궁금합니다.

'과즙상 시리즈'로 한 번 더 도약했어요.

커버 메이크업 다음으로 인기를 끈 게 '과즙상 시리즈'였어요. 예전에 연예인 설리가 '복숭아상'이라는 이야기를 사람들이 많이 했어요. 복숭아를 닮은 얼굴이라는 것이죠. 이 말을 듣고 '복숭아상만 가능한가? 포도상도 가능하지 않을까?' 이런 생각을 했어요. 복숭아를 시작으로 살구상, 수박상, 포도상, 무화과상 등을 시리즈로 이어갔어요. 과일은 색감이나 재질, 맛을 우리가 알잖아요. 이런 걸 메이크업과 배경 화면으로 표현했어요. 수박이면 연두색 쉐도우와 빨간색 립스틱을 발라주는 거예요. 의상이랑 머리도 과일에 어울리게 해서 영상을 올리니까 사람들이 너무 재미있어 했어요. 그래서 제가 물었죠. '다음에 뭘 보고 싶으세요?'라고요. 제가 하도 특이한 걸 하니까 '용과상'이나 '블루레몬'을 해 달라는 주문이 나오더라고요. 이렇게 과즙상 시리즈 열 편을 하고 나서 구독자 20만 명을 넘어 30만 명까지 갔어요.

메이크업 아티스트 국가자격증을 딴 전문가예요.

2018년에는 메이크업 아티스트 국가자격증을 땄어요. 어쨌든 뷰티 분야에서 일을 하고 많은 분들이 제 영상으로 공부하기도 하니까 전문 지식과 기술을 가져야겠다고 생각했어요.

실기와 필기를 여러 달 준비해서 2018년 9월 최종 합격했어요. 국가고시 자격증이 나오고 전문인이 된 거죠.

뷰티 콘텐츠에도 스토리가 있어야 해요.

뷰티 콘텐츠는 예쁘기만 해도 시청자가 좋아해 주시는 것 같아요. 그래도 가끔씩 신기한 자극을 주는 것도 중요하다고 생각해요. 그런 자극을 받왔을 때 사람들 반응이 좋아요. 치열한 경쟁 속에서 저를 더 기억하게 해 주거든요. 이게 뷰티 콘텐츠에 스토리를 입힐 때 나오는 힘인 것 같아요.

웹툰 주인공을 가지고 커버 메이크업을 한 적이 있어요. 작가분들께 허락을 얻어 제가 메이크업을 하고 진짜 캐릭터처럼 녹아든 모습을 보여드렸어요. 단순한 코스프레가 아니라 일상에서 응용할 수 있는 메이크업을 하려고 노력했어요. '그 캐릭터가 실제로 존재했다면 이런 모습이지 않을까?' 이런 생각으로 메이크업을 했어요. 재미도 있는데 따라 할 수도 있으니 더 좋아해 주신 것 같아요.

뷰티 유튜버지만 브이로그 영상도 팬이 많은데, 어떤 점이 인기 요인이라고 생각하나요.

진중한 고민을 나누는 '한주 한 컵' 시리즈에 공감하신 것 같아요.

제가 평소에도 제 일상을 담은 브이로그 영상을 올렸어요. 그런데 이 브이로그를 좀 더 정성 들여 만들고 싶어지더라고요. 내가 영화를 만들고 싶은 사람인데 브이로그도 좀 더 스토리를 넣어 나 자신을 표현하는 방향으로 만들고 싶었어요. 그래서 내가 영감을 받는 일상을 중구난방 올리지 말고 음료로 표현해보자는 생각을 하게 된 거예요. 한 주를 표현하는 음료를 정하자는 의미에서 '한주 한 컵'이라고 했어요. 예를 들어 대학 축제가 있던 주는 샴페인 한 잔, 맥주 한 잔 이런 식으로 하는 거예요.

최근 올린 한주 한 컵 중에 '누가 내 머리에 똥 쌌어'라는 영상이 있어요. 동명의 동화책에서 영감을 받아 만든 작품인데요. 시험 기간에 받는 스트레스를 '머리에 똥을 얹고 있는 것'에 비유하고 이 똥을 버리는 방법을 생각해보자는 내용이었어요. 맛있는 걸 먹고 친구랑 이야기하는 게 나의 스트레스 관리법이라고 이야기를 했어요.

이별이나 자존감을 주제로 이런 영상을 올렸을 때는 사람들이 '유튜브에서도 진중한 고민을 나눌 수 있는 콘텐츠가 있다'라는 사실을 좋아해서 새로운 구독자가 많이 늘었어요.

한주 한 컵을 보고 위로를 받았다고 한 분들이 많았어요. '언니, 제가 힘든 입시 시절을 한주 한 컵 영상 보고 견뎠어요'라고 말하는 분들이 많았거든요. 이게 아직도 사람들이 좋아하는 코너로 남아 있어요.

2017년 정식 영화감독으로 데뷔했습니다.
킴닥스의 영화는 어떻게 만들어졌나요.

뷰티 콘텐츠와 연계했죠…구독자도 제작에 참여했어요.

구독자 40만 명을 향해 가는 단계에서 웹 무비를 만들었어요. '당신의 삶 속에 동화를'이라는 뜻의 'Fairytale in Life'라는 41분짜리 웹 무비였어요.

제가 유튜브를 4년 했는데 이제는 영화를 만들 때가 됐다는 생각을 했어요. 처음부터 너무 심오한 내용을 하기보다는 지금 하고 있는 뷰티 콘텐츠와 연계하면 좋겠다는 아이디어가 떠올랐어요. 그래서 누구나 좋아하는 디즈니 애니메이션을 소재로 웹 무비를 만들기로 했어요.

디즈니 애니메이션에 등장하는 공주를 모티브로 영화를 찍었어요. '당신의 삶 속에 동화를 찾아드릴게요'라는 주제를 다섯 개의 영상으로 찍어 한 편의 영화로 만들었어요. 제가 디즈니 애니메이션 공주를 따라 메이크업을 했죠.

이 영화를 찍으려고 스태프를 모집했어요. 학생들도 있었고 각 분야에서 프로로 일하는 분들도 있었어요. 촬영 스태프까지 구해 영상 다섯 편을 찍고 이것을 한 편의 장편 영화로 만들었죠. 이 영상이 영화진흥위원회에서 2017년 정식 장편 영화로 인정을 받으면서 영화감독으로 데뷔했어요.

구독자가 영상 제작에 참여했고, 또 평소 구독자와 함께 해왔다고 생각을 해서 다 함께 시사회를 하자는 생각을 했어요. 메가박스 코엑스점에서 구독자 300분을 모시고 시사회를 열고 수익금은 보육원 아이들에게 동화책을 선물하는 데 사용했어요.

뷰티, 브이로그, 웹 무비 등 다양한 콘텐츠를 만드는데 아이디어가 부족하지는 않나요. 킴닥스가 아이디어를 얻는 방법이 궁금합니다.

구독자 의견과 저의 일상이 아이디어 원천이죠.

뭔가를 더 해보고 싶다는 생각을 항상 해요. 그래서 평소 작은 자극에도 아이디어가 떠올라요. '이건 왜 이렇게 하지? 저건 왜 저렇게 하지?' 이런 생각들을 계속해요. 일상에서 영감을 받는다는 이야기를 평소에도 많이 해요.

구독자 의견도 중요해요. 웹툰 커버 메이크업도 그렇고 과즙상도 그렇고 구독자 의견을 많이 들어요. 과즙상 시리즈 끝나고 '다음 시리즈 뭐 보고 싶어요?' 이렇게 물어보니 어떤 분이 '스폰지밥이나 명탐정 코난 메이크업이 보고 싶어요'라고 하셨어요. 생각해보니 웹툰도 연예인처럼 팬이 많은데, 웹툰 캐릭터도 메이크업해보면 재미있겠다는 생각이 들었어요. 구독자 아이디어가 실제 코너로 이어진 거죠.

제 채널은 시청자, 구독자와 호흡하는 게 중요해요. 저한테 아이디어를 주시면 제가 그걸 엮어서 향기로운 결과물로 만들어 내려고 해요.

구독자와 더 잘 소통하기 위한 노하우가 있나요.

영상에서 질문을 많이 해요... SNS 채널도 운영해요.

영상에서 질문을 많이 해요. 제가 영상에서 질문을 하면 구독자들이 답을 하는 거죠. 그러면 소통한다는 느낌을 확실히 주는 것 같아요.

인스타그램, 페이스북 같은 개인 SNS에서도 이야기를 많이 해요. 최근에는 오프라인 행사도 많이 했어요. 강연 등 오프라인에서 만난 분들은 관계가 더 돈독해지는 것 같아요.

생일 때 구독자와 만나기로 하고 '생일 파티 오실 분?' 이렇게 이야기했는데 솔직히 그렇게 많은 분이 지원할 줄 몰랐어요. 반나절 동안 500분이 지원해 주셔서 몇 분만 초대하기가 정말 힘들었어요. 결국 열네 분 정도 모셔서 파티를 했어요. 대신 오고 싶었던 분들이 많았으니까 생일 축하 노래 부르는 장면을 라이브로 틀고 파티를 했죠. 이런 것들을 하니까 사람들이 신선하게 봐주고 더 좋아하는 것 같아요. 반응이 좋아서 생일파티를 구독자분들과 꾸준히 하려고 생각 중이에요.

영상제작자로서 슬럼프는 없나요.
있다면 극복하는 방법은 무엇인가요.

친구의 결정적 조언이 슬럼프 극복에 큰 도움이 됐어요.

슬럼프가 오히려 마음가짐을 단단하게 해준 계기가 된 것 같아요. 대학 입학했을 때 제가 경험하는 세상이 훨씬 넓어지다 보니 막연히 '나보다 더 앞선 누군가가 있을 거야' 이런 상상을 하면서 조바심이 났어요. '내가 그 사람들보다 열심히 안 하는 것 아닐까' 이런 생각을 하면서 혼자 슬럼프를 겪었던 것 같아요. 학점도 제 대학생활에서 가장 안 나왔어요.

제가 이런 고민을 친구한테 털어놓으니까 그 친구가 저를 보면서 '우리가 과거를 기억할 때 어떤 한순간, 바람의 촉감 같은 걸 기억하지 않느냐. 한 10년 뒤에 돌아보면 지금도 좋은 순간으로 기억될 거다'라는 이야기를 해줬어요. 지금이 힘들어도 어쨌든 지나간다는 의미로 저는 받아들였어요. 이런 말을 들으니 마음에 큰 위안이 됐어요.

누구에게나 힘든 일이 일어나고 그것은 과거가 되기 때문에 이걸 어떻게 받아들이느냐가 중요하다는 생각을 했어요. 누군가와 비교하기보다 꾸준히 나아가는 게 중요한 거죠.

다른 사람이 시속 100km로 가더라도 나는 70km로 꾸준히 가면 원하는 모습에 더 빨리 도달할 수 있을 거라는 생각이 들었어요. 이때부터 주위를 돌아보지 않고 저한테 집중할 수 있었어요. 다른 사람을 응원하고 같이 잘하자는 마음을 먹게 되니까 인간관계도 더 좋아졌죠.

성공하는 유튜버가 되기 위한 노하우가 있다면 말씀해주세요.

마음을 편하게 먹고 유튜버 외에 할 수 있는 뭔가를 준비해야 해요.

길이 정해져 있지 않은 게 유튜버 장점이지만, 한편으로는 불안한 요소

이기도 해요. 그래서 '다음 단계'를 항상 가지고 있어야 한다고 생각해요. 아무리 열심히 해도 구독자 수를 늘리는 데는 한계가 있거든요. 내 영상을 보라고 협박할 수는 없는 노릇이잖아요? 내 삶의 많은 부분이 타인이 정해주는 인기에 의지하면 불행한 삶을 살겠다는 생각이 들었어요. 유튜버는 계속하되 인기에 집착하면 안 되겠다는 생각도 들어요.

마음을 편하게 먹고 유튜버 외에 할 수 있는 뭔가를 준비하려고 해요. 꿈을 위해 달려가는 과정에서 재미있는 일을 계속하면서 내실을 쌓으려고 노력하고 있어요. 지난 5년간 유튜버 하면서 꾸준히 안정적으로 성장할 수 있었던 비결인 것 같아요.

해외 구독자 비중이 높은데 비결이 뭔가요.

해외 가능성이 크다고 보고 자막을 열심히 달고 있어요.

예전에 한 방송사와 '외국 구독자가 많은 유튜브 크리에이터'로 인터뷰를 했어요. 이런 요청이 들어온 게 되게 신기했어요. 제가 연예인 커버 메이크업을 하다 보니 한류 열풍을 타고 제 영상을 많이 봤나 봐요.

구독자가 10만 명쯤 됐을 때는 중국 잡지사 인터뷰 요청이 들어오기도 했어요. 해외 가능성이 크다고 보고 자막을 열심히 달기 시작했어요.

또 웹 무비에 활용한 디즈니 애니메이션이 많은 사람들의 어린 시절 판타지이기 때문에 외국에서 영상을 많이 보는 것 같아요. 외국 시청자가 많다는 걸 체감하고 있어요.

1인 크리에이터 시장이 앞으로 더 성장할까요. 킴닥스의 전망이 궁금합니다.

좋은 콘텐츠만 만들면 1인 미디어에 기회가 많을 것 같아요.

기술이 계속 발전하기 때문에 지금은 대부분의 사람들이 스마트폰이나 노트북을 가지고 있어요. 더 많은 사람이 영상 플랫폼에 더 쉽게 접근하는 시대가 열릴 거라고 생각해요. 대중이 플랫폼에 접근하기 쉬워지니까 1인 미디어는 계속 성장할 거라는 생각이 들어요.

자본이 계속 투입되면 플랫폼이 점점 많아지고 사람들이 영상을 이용할 기회도 많아질 거라고 봐요. 지금은 오리지널 콘텐츠를 전문가가 만들지만, 앞으로는 1인 미디어도 좋은 콘텐츠를 만들면 더 많은 기회가 열릴 거라고 생각해요.

유튜버와 영화감독을 포함한 영상제작자 킴닥스의 향후 계획은 무엇인가요.

다양한 플랫폼에서 사랑받는 영상을 만들고 싶어요.

극장에 걸리는 전통 영화를 만들고 싶기도 해요. 하지만 제가 현직 영화감독과 실력으로 맞붙으면 이길 수가 없어요. 그럼 저의 장점은 뭘까 생각해봤어요. 웰메이드 콘텐츠를 만들고 유튜브라는 플랫폼을 잘 활용한다는 게 저의 큰 강점이에요.

영화, 다큐멘터리 등 전통 콘텐츠를 새로운 플랫폼으로 가져오기 위한 작업을 계속하는 게 당분간 목표예요.

극장 상영으로 끝나지 않고 유튜브, 넷플릭스, IPTV 등 다양한 플랫폼에서 제 영상을 많이 틀면 좋겠다는 생각을 해요.

'킴닥스 스튜디오'를 설립했어요.

아버지가 2009년 영상 편집 프로그램 제작에 참여하셨어요. 당시에는 이런 프로그램을 별로 쓸 일이 없어서 빛을 못 봤죠.

최근 아버지께서 영상 관련 사업을 하고 계신데, 이 프로그램을 업그레이드해서 출시해보자는 의견을 주셨어요.

저는 그 프로그램이 아주 쉬워서 영상 편집이 어렵다는 생각을 안 했어요. 그 프로그램 덕에 기초가 탄탄해져 지금 사용하는 전문 프로그램도 독학으로 배울 수 있었어요.

시중에 나와 있는 프로그램보다 훨씬 대중적이어서 영상을 시작하는 사람들에게 좋을 거라고 생각해요.

영상 편집 프로그램을 보급하기 위해 '킴닥스 스튜디오'라는 법인을 설립했어요. 전문가용 프로그램보다 저렴한 가격을 책정할 생각이고, 올해 안에 세상에 나올 예정이에요.

이 프로그램을 사용하시는 분들과 공동 작업을 하는 기회가 생길 수 있을 것 같아요. 웹 무비를 같이 만들거나 미디어 교육을 하거나 영상 강의를 할 수도 있어요.

킴닥스의 꿈을 이루고 진로를 설계하는데 유튜브가 어떤 역할을 했나요.

유튜브는 꿈에 집중할 수 있는 탄탄한 기반이에요.

등록금을 제가 해결할 정도로 수익을 올렸어요. 또 제 꿈에 집중할 수 있는 기반이 탄탄하게 마련된 것 같아요. 삶에서 더 자신감이 생긴 것 같아요. 50만 구독자가 나를 좋아하고 응원해준다는 것이 큰 힘이 돼요. 뭘 해도 항상 들어주고 기다려주고 응원해주고 함께 해주는 사람이 있다는 건 큰 힘이 되고 제작자로서 좋은 상황이라는 생각이 들어요.

유튜브는 앞으로도 계속하고 싶어요. 자유롭게 제 이야기를 할 수 있고, 수많은 사람과 함께 할 수 있는 공간이라는 생각이 들어 계속 같이 하고 싶어요. 저에게 자신감을 주고 많은 사람들과 무언가 해볼 수 있는 기회가 열려있다는 점이 가장 좋은 것 같아요.

07

피지컬 갤러리

이름 빡빡이 아저씨, 댄
구독자 수 약 70만 명
누적 조회 수 약 4,000만 회
방송 주제 건강, 체형교정

구독자 수·누적 조회 수 2019년 4월 기준

코믹한 얼굴의 빡빡이 아저씨가 짙은 선글라스와 산타클로스 수염을 달고 나와 어디서도 듣지 못했던 생활 속 '온몸 치료법'을 알려주는 '피지컬 갤러리'는 체형 교정이라는 독특한 주제로 큰 사랑을 받는 유튜브 채널이다. 채널 개설 1년 만에 70만 구독자를 확보하며 국내 대표 건강 정보 채널로 자리 잡았다. '빡빡이 아저씨'와 '댄' 두 사람이 등장하는 이 채널 뒤에는 사실 10여 명의 전문가 집단이 포진하고 있다. 의사 등 전문가들이 제공한 정보를 쉽고 재미있게 가공해 전달하는 게 피지컬 갤러리의 가장 큰 특징이다. 본업을 뛰면서 영상을 만드느라 응급실에 실려갈 정도로 고생이 이만저만이 아니지만 꿈을 이룬다는 느낌에 행복하다고 피지컬 갤러리는 말한다. 그들은 자신이 왜 유튜버를 하려고 하는지 명확히 이해하고 채널 활동을 시작해야 한다고 조언한다.

'투잡'의 새로운 해석...
집단의 힘으로
70만 구독자 돌파

피지컬 갤러리에 대해 간단히 소개해주세요.

전문가와 함께 하는 건강 정보 채널입니다.

체형교정과 건강 관련 주제를 다루고 있어요. 근골격계 전문 물리치료사, 신경계 전문 물리치료사, 영양사, 약사, 선수 트레이너, 건강 운동관리사, 필라테스 강사, 촬영 감독 등 열한 명가량이 팀을 이뤄 움직여요. 전문가 팀과 콘텐츠 팀이 따로 나눠져 있어요.

어려운 건강 정보를 쉽게 전달하려고 노력해요.

페이스북이나 블로그를 통해 건강 정보를 알리기 시작했어요. 그런데 논문 자료, 해부학 자료는 사람들에게 전달하기가 힘들더라고요. 일반인이 의학 용어를 이해하기는 어려워요. 또 블로그에 검색하면 광고가 많아서 정보를 얻기가 쉽지 않아요. 일반인에게 건강 정보를 잘 전달하는 유익한 곳이 없다는 생각이 들어 유튜브를 해보기로 했어요. '아는 것이 건강이다'가 저희 모토죠.

병원은 건강 정보를 자세히 알려줄 시간이 없어요.

우리나라는 의료 서비스가 잘 돼 있다 보니 영어권보다 정보나 자료가 약한 편이에요. 영어권 사람들은 병원 한 번 가려면 큰돈이 드니까 스스로 정보를 찾아 해결하려고 해요. 하지만 우리나라는 조금 아프면 병원에 가요. 병원비가 싸거든요.

그런데 현실적으로 병원에서 해줄 수 있는 게 있고 없는 게 있어요. 의사 선생님이 일일이 다 설명하고 처방해줄 수가 없어요. 의료서비스 구조상 힘들어요. 의사 선생님이 환자 한 분에게 한 시간 설명해줄 수는 없잖아요.

그래서 많이 하는 말이 쉬라는 거예요. 병원 다녀온 분께 "선생님이 뭐라고 하셔?"라고 물으면 "쉬래"라고 대답해요. 저희는 이해를 해요. 그 이상으로 안전한 말이 없어요. 정확하게 설명할 시간이 없으니까 '쉬어라' '이거 하지 마라'라고 하는 거예요. 부작용이 없고 안전하죠. 그러나 위험이 적은 만큼 효과도 상대적으로 적어요. 왜냐면 그 사람에게 맞춘 방법이 아니기 때문이죠.

이런 부분을 채워줄 수 있는 게 '교육'이에요. 저희는 병원에서 알려주지 못하는 좀 더 나은 솔루션을 드리기 위해 노력하려고 해요. '이런 증상에는 이런 운동이 효과가 있습니다.' 이런 말을 하고 싶었어요.

'빡빡이 아저씨'라는 캐릭터로 방송을 하는 이유가 있나요.

친근하면서도 중립적인 캐릭터를 만들기 위해 '빡빡이 아저씨'로 등장하고 있어요.

선글라스를 끼고 수염을 달고 나오는 이유는 '캐릭터'를 만들기 위해서예요. 캐릭터가 만들어지면 그 자체로 채널을 알리기 좋고, 종합적인 건강 정보를 전달하기 좋아요. 만약 제가 어느 한 분야 전문가로 등장한다면 해당 분야 정보만 알려줄 수 있어요. 그러나 저희는 여러 전문가가 참여해 종합 건강 정보를 알려드리려고 해요. 그래서 친근하면서도 중립적인 전문가 캐릭터를 만들기 위해 '빡빡이 아저씨'로 등장하고 있어요. 채널 정체성을 살리기 위해서라도 빡빡이 아저씨 캐릭터를 계속 밀 생각이에요.

빡빡이 아저씨

팀에 다양한 영역의 전문가분들이 속해 있는데 어떻게 모인 건가요.

더 많은 정보를 제공하기 위해 조금씩 전문가를 모았어요.

처음에는 물리치료사와 건강 운동관리사 정도가 모여서 시작했어요. 운동이나 재활 교정 콘텐츠를 만들었어요. 그러다 사람들이 건강과 관련한 더 많은 정보를 원한다는 것을 알고 전문가를 한 명 두 명 모으다 보니 삼 개월 만에 지금 팀이 꾸려졌어요. 앞으로 전문가를 더 모셔서 팀이 더 커질 것 같아요.

어려운 건강 정보를 쉽게 전달하는 게 피지컬 갤러리의 최대 장점입니다. 콘텐츠를 쉽게 만들기 위해 어떤 과정을 거치나요.

대학 수학을 초등 수학으로 바꾸는 셈이에요.

빡빡이 아저씨와 댄, 둘이 공동 대표이자 컨트롤 타워 역할을 하고 있어요. 어떤 주제가 정해지면 논문이나 자료를 찾아 일반인에게 전달하기 위한 작업을 해요. 예를 들어 대학교 수학을 고등학교 수학으로 바꾸고, 이를 다시 초등학교 수학으로 바꾸는 식이에요. 수학에 관심 없는 친구들도 재미있게 보도록 개그도 넣고 그래요.

전문가 팀은 전문 면허나 자격증을 갖춘 분들이에요. 피지컬 갤러리 홈페이지를 오픈하면 거기에 공개할 예정이에요.

건강 정보는 전문 지식이기 때문에 일반인이 이해하기 쉽게 둥글게 만들어 제공하기가 어려워요. 원자료는 굉장히 길고 전문적이어서 대중에게 전달하려면 많이 잘라내야 해요. 음식에 비유하자면 한 입에 먹고 소화할 수 있게 만들어 떠먹여 드리는 거죠. 그러다 보면 응용을 하거나 생략을 하기 때문에 오해를 받을 수도 있어요.

가장 쉬운 건 원자료를 모두 공개하는 거예요. 블로그에 글을 올릴 때는 이걸 모두 글로 써서 올렸어요. 하지만 이렇게 하면 아무도 안 봐요. 전문가나 전공 학생만 봐요. 그러면 이 일을 시작한 의미가 없어요. 다 설명하면 금방 지루해지잖아요.

저희가 쉽게 만든 영상에 대한 증거나 출처를 궁금해하시는 분들이 많아 홈페이지에 정보를 제공할 계획이에요.

영상을 쉽게 만들다 보면 자세한 정보는 담기 어려운데 정보를 가공하는 원칙이 있나요.

효과가 크지 않아도 위험이 적은 방법을 알려드려요.

'어깨를 주무르지 말라'라는 영상이 화제가 돼서 조회 수가 190만 회를 넘었는데 댓글로 토론이 벌어지기도 했어요. 저희 의견에 반대하는 분도 계셨죠. 관점 차이이기 때문에 무조건 저희가 맞는다고 생각하고 싶지는 않아요. 모두 저희를 좋아해 주시고 구독해주시는 분들이니까 그럴 수 있다고 생각해요.

아쉬운 점은 저희가 충분히 설명을 하기가 현실적으로 어렵다는 점이에요. 전공서적 내용을 일일이 설명할 수는 없으니까요. 짧은 영상 안에 긴 내용을 넣다 보니 항상 반박당할 여지가 있어요.

저희도 원칙이 있어요. 많은 사람에게 도움이 되는 좋은 스트레칭 방법이 있다고 해볼게요. 그런데 이 스트레칭이 어떤 특정 사람에게는 위험할 수 있어요. 그럼 이 방법은 영상에서 알려드리지 않아요. 효과가 조금 적더라도 위험이 적은 방법 중심으로 알려드리고 있어요.

처음부터 이렇게 큰 반응을 예상했나요. 구독자들이 좋아하는 피지컬 갤러리만의 차별점은 무엇이라고 생각하나요.

건강 상식을 깨다 보니 좋아해 주시네요.

처음부터 유튜브 채널을 크게 키우자는 목표를 가진 건 아니었어요. 일반인이 모르는 건강 지식을 알려주고 의학 상식 수준을 높이고 싶었어요. 기존 건강 상식을 깨고 싶었어요. 정말 중요한 의학 정보인데 일반인들은 접하기가 어려워 모르는 경우가 많아요. 이런 걸 우리가 쉽게 알려주자는 마음으로 시작했어요. 잘하는 일과 좋아하는 일이 같아 더 재미있게 일하고 있어요. 기대는 안 했는데 많은 분들이 좋게 봐주셔서 여기까지 온 것 같아요.

미국의 유명 '카이로프랙틱[3]' 전문가인 닥터 만델이 유튜브에 영상을 올리는데요, 이분과 협의하고 한국식으로 재미있게 더빙을 해서 올렸더니 반응이 좋았어요.

3) 약물이나 수술 없이 손기술로 신경, 근육 등을 치료하는 방법

앞으로 구부리는 허리 스트레칭이나 어깨 마사지처럼 일반인들이 몸에 좋다고 알고 있으나 사실은 몸에 좋지 않은 방법이 많아요. 이런 잘못된 상식을 깨주는 영상을 만들었을 때 구독자가 많이 늘었던 것 같아요. 유익하다는 느낌을 줄 때 반응이 좋은 것 같아요. '피지컬 갤러리는 다른 데서는 알려주지 않는 것을 알려준다'라는 느낌이 중요한 것 같아요.

재미가 있어야 정보 전달력도 높죠.

우리나라는 유튜브를 재미로 보는 분들이 많아요. 재미가 없으면 장기간 채널을 보지 않아요. 재미도 있고 유익하기 때문에 저희 채널을 구독해주시는 것 같아요. 그래서 일부러 코믹한 요소를 넣으려고 해요. 또 재미가 있어야 건강 정보 전달력이 높아진다고 생각해요.

콘텐츠 주제는 어떻게 정하나요.
주제가 정해지면 어떻게 콘텐츠를 만드나요.

전문 정보에 재미 요소 넣는 게 포인트예요.

콘텐츠 팀에서 주제를 제시하기도 하고 전문가 팀이 반대로 주제를 주기도 해요. 논문 등의 전문 자료를 바탕으로 1차 대본이 나오면 댄이 가공을 해서 난이도를 조정해요. 글이 많기 때문에 핵심 포인트를 짚어내야 해요. 핵심 정보를 추출해서 일반인이 이해하기 쉽게 만들어요. 그러면 빡빡이 아저씨 등 콘텐츠 팀이 재미 요소를 넣어 장면을 구성해요. 평범한 영상에 감각을 넣어서 재미있게 만드는 것도 힘든 작업이에요. 아무래도 직업을 가진 채 이 일을 하기 때문에 더 그런 것 같아요. 일을 좀 수월하게 하려고 전문 작가 선생님을 모셨어요.

주변의 아픔에 공감하는 게 아이디어 원천이죠.

공감이 가장 중요해요. 많은 사람들이 일상에서 흔히 느끼는 문제점을 다루려고 해요. 저 또한 운동을 좋아하기 때문에 운동을 하는 사람들이랑 이야기를 하다 보면 많이 나오는 고충이 있어요. 그럴 때마다 메모를 해서 영상에 반영해요. 일상에서 많이 접하는 굽은 등, 목 통증 이런 문제도 다루죠. 일상에서 아이디어를 찾고 최대한 타인 입장에서 공감하려고 노력해요.

현재 일을 하면서 유튜브 채널을 운영하고 있는데 힘들지 않나요.

일과 유튜버를 병행하느라 응급실에 가기도 했어요.

일과 유튜버를 같이 하니 정말 힘들어요. 최근에는 새벽에 일하다 급체가 와서 응급실에 실려 갔어요. 기획안을 만들고 촬영하고 편집해서 영상을 올렸을 때 '재미있다' '몸이 너무 좋아졌다'라는 반응을 보면 힘든 것을 다 잊게 돼요. 피로가 다 씻기는 것 같아요. 그 맛에 빠져서 또 작업을 하죠.

너무 힘들지만 꿈을 이룬다는 느낌에 행복해요.

사람들은 구독자가 몇십만 되면 월 수익이 수천만 원 되는 걸로 알지만 실제로는 그렇지 않아요. 저희 팀은 월 천만 원을 못 벌어요. 왜냐하면 이번 방송이 무릎 통증에 관한 거라면 무릎 통증이 없는 분들은 보지를 않기 때문이에요.

불만은 없어요. 일단 무릎이 아픈 분들의 통증을 해결해줬으니 그것으로 만족해요. '아프면 생각나는 곳'을 만드는 게 더 중요해요.

솔직히 유튜브 방송 이전의 삶이 더 여유가 있고 돈도 더 많이 벌었어요. 인건비와 투자비용이 많이 드니까 지금의 수익이 예전보다 더 낮아요. 홈페이지를 오픈하려고 준비하는데 돈이 엄청 들더라고요.

하지만 더 즐거운 건 지금이에요. 확실한 건 비전이 뚜렷해졌다는 거예요. 예전에는 비록 돈은 많이 벌어도 뭔가 내 꿈을 이룬다는 느낌이 덜했는데 지금은 덜 벌고 더 바빠도 '이제는 꿈을 이룰 수 있겠구나' 하는 게 구체적으로 느껴져요.

그냥 일 자체가 즐거워요. 좋아하고 잘하는 일이 일치해서 만족도가 높아요. 당장 수익이 안 돼도 좋아하는 일을 목표로 가는 거니까요. 물론 그

과정에서 오는 피로가 매우 커요. (웃음) 많은 사람들이 저희 채널을 알아 주셨으면 해요.

1인 크리에이터 시장이 앞으로도 계속 커질까요. 유튜브에서 성공하려면 어떤 점이 필요한가요.

내가 왜 유튜브를 하는지 정확하게 이해해야 해요.

텍스트에서 영상으로 플랫폼이 넘어오는 시기이기 때문에 1인 크리에이터 시장은 계속 발전할 거라고 생각해요. 텍스트는 시각화가 어려워 금방 지루해질 수 있어요. 사람들은 영상을 훨씬 좋아해요.

1인 미디어가 포화상태라고 말하는 사람이 많지만 진짜 포화상태는 아니라고 생각해요. 블루오션을 찾아서 남들이 다루지 않는 것을 다루거나 남들과 다른 점을 찾아 영상을 만들면 성공하지 않을까요.

기획자 측면에서는 내가 왜 유튜브를 시작하는지 생각해봐야 할 것 같아요. 인스타그램처럼 취미로 내 일상을 담고 싶은지, 유튜브를 이용해 제품이나 브랜드를 마케팅할 것인지, 조회 수를 올려 돈을 벌고 싶은지 먼저 생각하는 게 중요할 것 같아요. 유튜브가 취미가 아닌 일이 되면 정말 많은 스트레스가 오거든요. 그래서 목적에 맞는 세밀한 계획을 세우는 게 중요해요. 당장 직장을 그만두고 유튜브를 할 필요는 없는 것 같아요. 어느 정도 여유가 있어야 꾸준히 채널을 유지할 수 있어요.

피지컬 갤러리의 지향점이 궁금합니다. 향후 계획도 말씀해주세요.

안 아픈 분들도 볼 수 있는 '재미'를 주려고 해요.

저희가 어떤 영상을 만들면 해당 통증이 있는 사람만 본다는 게 고민이긴 해요. 그러면 채널이 성장하기가 어려울 수 있으니까요. 채널을 널리 알리는 데도 한계가 있을 수 있어요. 저희가 생각하는 해결책은 보편적인 재미를 주는 거예요. '닥터 K'라는 만화를 아세요? 천재 외과의사가 등장해 신출귀몰한 솜씨로 수술을 해서 죽을 뻔한 사람을 살린다는 내용이에요. 그런데 이 만화를 보시는 분들이 외과 수술이 재미있다거나 의학 지식이 궁금해 보는 건 아니거든요. 그냥 닥터 K라는 사람이 문제를 해결하는 과정과 그 사람의 매력 자체가 좋아서 보는 거라고 생각해요. 저희도 그런 방향으로 채널을 끌어가려고 해요.

홈페이지를 오픈하고 전문지식을 제공할 예정이에요.

곧 오픈하는 홈페이지에 전문 자료, 칼럼, 논문 자료를 올릴 예정이에요. 유튜브에서 다룰 수 없는 상세한 자료를 올리고 인터넷 강의도 하려고 해요. 아플 때 생각나는 백과사전 같은 홈페이지를 만들려고 해요. 물론 유튜브 채널은 계속 유지할 거고요.

'아플 때 생각나는 곳'을 만들고 싶어요.

'아플 때 생각나는 곳'이 되는 게 피지컬 갤러리의 최종 목표예요. '아는 것이 힘이다'라는 말이 있듯이 '아는 것이 건강이다'라고 생각해요. 이게 정말 너무나 중요해요. 아는 만큼 내 몸을 관리하기가 쉬워지거든요.

많은 사람들이 병원에서 치료를 받으면 끝이라고 생각하는데 사실은 사후관리가 굉장히 중요해요. 이건 공부하지 않고는 알 수가 없어요. 누군가가 전담으로 붙어서 알려주면 좋겠지만 안타깝게도 그렇게 할 수 있는 사람은 많지 않아요. 그래서 저희 같은 사람이 필요하다고 생각해요.

08

로디

이름 최지웅
나이 1992년생
구독자 수 약 16만 명
누적 조회 수 약 964만 회
소속사 다이아 TV
방송 주제 ASMR

구독자 수·누적 조회 수 2019년 4월 기준

로디는 약 16만 구독자를 보유한 정통 ASMR 자율 감각 쾌감 반응 유튜버다. 듣기 좋고 편안한 소리를 반복적으로 냄으로써 기분을 편안하게 해주고 수면을 유도하는 역할을 한다. 섬세한 감각이 필요하다는 점에서 ASMR 분야는 여성 유튜버가 많지만, 로디는 여성에 버금가는 섬세한 감각과 자신만의 독특한 창작 세계를 결합해 고정 팬을 확보하고 있다. 디자인을 전공하면서 익힌 예술적 감각과 콘텐츠에 대한 감수성이 창작에 도움을 준다. 로디가 더욱 대단한 점은 '본업'인 인테리어 디자이너 일을 마치고 집에 돌아와 밤늦게나 새벽에 촬영을 한다는 점이다. 잠을 몇 시간밖에 못 잘 때도 구독자와 소통한다는 즐거움에 피곤을 잊곤 한다.

인테리어 디자이너가 새벽마다 두 번째 월급을 버는 은밀한 방법

직장을 다니며 유튜브 채널을 운영하고 있습니다. 본인에 대해 간단하게 소개해주세요.

원래 직업은 인테리어 디자이너예요.

경기도 일산에 살면서 인테리어 디자이너로 일하고 있어요. 남는 시간에 ASMR 유튜버로 활동하고 있어요. 2017년 11월 처음 업로드를 했으니 이제 1년 반 정도 됐네요.

ASMR을 듣는다고 무조건 잠이 오는 건 아니에요. 저는 이렇게 해석을 했어요. 미용실에서 머리를 감겨주거나 서비스 받을 때 편안하고 만족하는 느낌이 있어요. 그걸 뭐라고 말로 표현해야 할지는 모르겠지만, 영상으로 느낄 수 있는 거라고 봐요. 집중하는 걸 돕거나 마음을 위로해주는 영상을 포괄적으로 ASMR이라고 해요. 꼭 잠잘 때 듣는 건 아니에요.

처음 콘텐츠를 올린 2017년에는 국내에선 ASMR이란 말도 생소했습니다. ASMR에 주목한 계기가 있나요.

제 생각을 표현할 방법을 찾다가 ASMR을 발견했어요.

제가 가구 디자인을 전공했어요. 지금은 인테리어 디자인을 하고요. 저는 가구 작가가 되는 게 꿈이거든요.

가구든 인테리어든 소비자를 위해 일하는 거예요. 평소 생각하던 것을 표현하는 것과는 거리가 멀죠. 그래서 제 생각을 표현할 방법을 찾다가 발견한 게 ASMR이에요.

'이거라면 평소 생각하던 것들을 현실로 전달하는 매개체가 될 수 있겠다'라고 생각한 거죠.

ASMR을 처음 접한 건 '데이나Dana'님 유튜브를 통해서예요. 그때가 2016년 말쯤이네요. 롤플레이도 잘하는 유명한 분이에요.

ASMR은 여성 유튜버가 많은데 남자로서 ASMR 콘텐츠를 만드는 데 어려움은 없나요.

여성 유튜버 못지않은 섬세한 소리를 내려고 노력 중이에요.

ASMR을 알았지만 바로 시작하지는 못하고 사전조사를 좀 했어요. 내가 시장에 뛰어들어서 승산이 있는지, 어떤 게 필요한지 알고 싶었거든요.

그때만 해도 남자가 ASMR 하는 경우가 거의 없었어요. 내가 경쟁력 있을까 생각을 많이 했죠.

그러다 유튜브 영향력이 점점 커질 거라 생각하고 더 늦기 전에 해야겠다고 결정을 했어요.

틈새시장을 공략할 수 있겠다는 생각이 들었어요. ASMR 하는 남성 유튜버가 몇 명 있기는 했는데, 여자 유튜버와 똑같이 했어요. 내가 다르게 하면 플러스 요인이 있지 않을까 생각했죠.

남자는 여자보다 섬세하지 못해 소리가 튀고 거칠다는 편견이 있었는데, 남자가 여자 못지않게 섬세한 소리를 내고 거기에 저의 디자인적 요소를 가미해 이제까지 없었던 ASMR을 만든다면 메리트가 충분히 있겠다는 생각이 들었어요.

아직 여자와 비슷하다고 말하기는 어렵고요, 최대한 남자 중에는 소리를 잘 내려고 노력한다고 말할 수 있어요.

본인의 구독자 증가 속도에 대해 어떻게 평가하나요.

제 생각보다 훨씬 빠르다고 생각해요.

제 생각보다 훨씬 빠르게 구독자가 는 것 같아요. 사람마다 10만 가는 게 다 다른데, 저는 생각보다 빠르게 됐다고 생각해요.

원래는 더 늦을 걸로 생각했어요. ASMR이 대중적 분야가 아니고 주류가 아니기 때문에 시장도 크지 않아요. 그리고 제가 영상을 하루에 하나씩 올리는 것도 아니고요. 본업이 있어서 규칙적으로 하지는 못해요. 안 바쁠 때는 하루에 하나, 바쁠 때는 2주에 하나 올리거든요.

ASMR은 소리가 중심이기 때문에 콘텐츠 확장이 쉽지 않을 것 같은데 실제로 어떤가요.

ASMR은 롤플레잉으로 진화하고 있어요.

처음에 ASMR은 빗소리 등 평소 지나치던 소리를 크게 들려주는 게 주를 이뤘는데요. 사람이 점점 자극적인 걸 찾게 되나 보니 '롤플레잉'으로 진화를 했어요.

롤플레잉은 일련의 상황에 들어가서 실제로 머리를 감겨 준다거나 하는 식으로 입체감 있는 사운드를 들려주는 거예요.

처음 듣는 사람은 이상하다고 생각할 수 있어요. 저도 처음에는 '이게 뭐 하는 건가' 했거든요. 근데 이어폰을 꼭 끼고 들어야만 느낄 수 있는 그게 있어요.

그리고 시청자 도움도 필요해요. 자기가 감정을 이입해서 '난 진짜 여기 있구나' 이렇게 좀 도와줘야 해요. 부정적 마음으로만 들으면 절대 이해할 수 없어요.

또 하나 좋은 점은, 롤플레잉 안에서는 내가 뭐든지 될 수 있다는 점이에요. 영화를 만든다면 감독도 있어야 하고 촬영자도 있어야 하잖아요. ASMR은 제가 상상하는 것을 소품만 준비하면 혼자서 만들 수 있어요.

내가 의사도 될 수 있고, 어떤 스토리텔링 안에서 판타지도 만들 수 있죠. 머릿속에만 있던 상상들을 입체화할 수 있는 도구로 사용할 수 있는 거예요. 이런 점이 매력적이고 가능성이 높다고 봐요.

로디 님은 어떻게 롤플레잉 콘텐츠를 만드나요.

내가 상상하는 것을 어떻게 소리로 풀어 내느냐가 중요해요.

영화 결말을 내가 생각하는 식으로 영상으로 만들 수도 있어요. 영화 '지금 만나러 갑니다'를 롤플레잉으로 만든 적이 있어요.

내가 영화를 보고 느낀 여운을 표현해서 스토리를 바꿔보는 거예요. 이건 영화평론가도 할 수 없는 일이죠. 근데 ASMR에서는 누구나 거리낌 없이 표현할 수 있어요. 롤플레잉이 그래서 가능성이 많다고 생각해요.

제가 상황을 설정하고 스토리를 짜요. 일본에 비 오게 하는 인형이 있는데요, 천으로 된 인형이에요. 그 인형을 만들면서 독특한 소리를 내는 거예요.

내가 상상하는 것을 표현하기 위해 어떻게 소리로 풀어나가야 할까가 굉장히 중요한 요소예요. 영화 결말이 온전히 나의 상상인데, 거기에 들어가는 소리도 내가 구성하는 거죠. 결과적으로 ASMR이므로 소리는 반드시 들어가야 해요.

스토리에 소리를 더하는 작업을 주로 하는데, 별도 스토리 없이 소리 중심인 기존 ASMR 채널과 다른 전략을 펴는 이유는 무엇인가요.

소리는 영상을 채우는 매개체일 뿐이에요.

소리가 주가 되는 건 아니에요. 스토리텔링을 하기 위한 공간을 채워주는 매개체일 뿐이에요. 소리 자체를 찾지는 않아요. 소리를 위한 ASMR이 아니라 '영상을 위한 ASMR'이에요.

왜냐면 늘 새로운 소리를 찾아야 하는데, 그건 한계가 있어요. 세상에 매우 많은 ASMR 영상이 있는데, 나올 소리는 이미 다 나왔거든요. 더 이상 새로운 걸 찾을 수 없어요. 그렇기 때문에 믹스를 하고 구성을 해야 해요. 그게 효율적이라고 생각해요. 그래서 영상을 위한 소리를 찾는 거죠.

콘텐츠가 하나의 스토리로 완결성을 가져야 몰입도가 높아지는데 따로 대본을 쓰나요.

대본을 쓰면 그 안에 갇히더라고요.

대본은 안 써요. 대본을 쓰는 게 맞는데, 쓰면 못하겠더라고요. 외워야 하는데 외울 시간이 없고, 글도 잘 쓰지 못하고, 대본에 갇힐 수 있다고 생각해요. 시도를 해봤는데 대본에 갇히게 되더라고요.

확실하게 상황을 설정하고 완벽하게 이해하면 그때그때 대처할 수 있어요. 40분짜리 영상을 만든다고 하면 10분은 커피잔으로 소리를 만들고, 그다음은 다른 소품으로 소리를 내고. 이런 식으로 구성만 해놓고 대사는 순발력으로 처리해요. 의도치 않은 상황에서 엉뚱하게 말이 나올 수 있는데, 이게 저의 캐릭터가 되는 것 같아요.

영상은 주로 20~30분이고 길면 40분 정도 만들어요. 다른 분야에서는 장면 전환이 굉장히 빠르고, 재미없으면 바로 나가 버리기 때문에 시선을 잡아주기 위해 영상을 짧게 올려요. 반면 ASMR은 잠자기 위해 듣는 사람이 대부분이기 때문에 긴 시간을 요하는 거죠. 10분 정도 해놓으면 잠들려고 했는데 끝나버리거든요. 20분 정도는 돼야 해요. 이런 부분을 고려해 스토리를 짜요.

스토리에 소리를 더해 색깔 있는 ASMR 콘텐츠를 만드는 노하우가 있나요.

새로운 소리를 찾는 게 아니라 소리를 조합하는 거예요.

새로운 소리를 찾을 수는 없지만 소리를 조합할 수는 있죠. 예를 들어 지금 찍으려고 하는 영상이 어린 왕자에 관한 건데요. 어린 왕자는 동화잖아요. 어린 왕자를 만나러 오는 비행기 조종사가 주인공이 되는 거예요. 이걸 어떻게 구성할까 생각을 해야 해요. 저는 그림을 그려주는 장면을 잡았어요. 어린 왕자가 바오바브나무를 먹을 수 있는 양을 그려 달라는 장면이 있는데, 이런 부분에서 소리를 넣어야겠다고 생각했어요. 이걸로 10분 분량이 나오고, 그다음은 어떤 소리를 첨가해서 스토리를 만들어갈까 생각하는 거죠. 스토리를 완성하기 위한 소리를 찾는 작업이라고 보시면 돼요.

긴 방송 분량에 매번 다양한 소리를 만드는 게 쉽지 않은데 아이디어는 어떻게 얻나요.

상상의 나래를 펴는 게 아이디어를 얻는 방법이죠.

저는 원래 하던 일이 디자인이어서 다른 소재에서 아이디어를 얻어요. 소품에서 얻을 때도 있어요. 예를 들어 비누라는 소품을 봤는데 이게 돌처럼 생겼으면 '이걸 닦아주면 괜찮은 소리가 나겠다' 이런 생각을 하고 스토리를 가미하는 거죠.

아니면 처음부터 스토리를 잡고 거기에 필요한 소품을 찾는 경우도 있어요. 예를 들어 토이스토리에서 할아버지가 우디를 고쳐주는 장면이 있어요. 그런 장면에서 저는 편안함을 느꼈는데, 피노키오 만드는 할아버지의 옆집 목수가 되는 걸로 갈 수도 있어요. 그럼 10분까지는 나무를 자르는 소리로 가고, 그다음에는 붓질하는 걸로 스토리를 구성할 수 있죠.

책에서 많은 아이디어를 얻어요.

자기 계발서와 소설 읽는 걸 좋아해요. 최근에 '타이탄의 도구'라는 자기 계발서를 읽었어요. 기자가 쓴 글인데, 전 세계 성공한 사람들을 찾아가서 어떤 습관으로 성공했는지 인터뷰한 모음집이에요. 이 사람은 성공한 사람을 타이탄이라고 하고, 성공한 사람이 사용한 습관을 도구라고 표현했어요. 굉장히 알찬 내용이 많고 '이렇게 생각할 수도 있구나' 하는 자극을 주는 책이죠.

이 책에서 얻은 건 이런 거예요. 내가 만약 인테리어 디자인만으로 1등을 하려면 경쟁자가 너무 많아 성공하기 힘들잖아요. 근데 인테리어 디자인하면서 ASMR 유튜버 한다, 그러면 스펙트럼이 좁아지면서 나는 대체 불가능한 사람이 되는 거예요.

스토리 안에서 소리를 표현하다 보니
연기를 하는 경우가 많습니다.
연기를 잘하는 노하우가 있나요.

진심을 다하면 상대방에게 전달되지 않을까요.

카메라가 아니라 진짜 상대방이라는 생각을 가지고 영상을 찍어요. 그렇지 않으면 교감이 안 돼요. 연기력도 굉장히 중요하고요. 제가 뛰어나지 않기 때문에 연습을 많이 하려고 해요. 진심을 다하면 연기력이 좋든 안 좋든, 상대방에게 전달이 될 수 있지 않을까 생각해요. 제가 완성된 사람이 아니고 지금도 배워가는 사람이기 때문에 완벽한 영상을 만들지는 못한다고 생각해요. 이거 하나하나가 경험이 돼서 다음 영상을 만들 때는 생각하는 것을 잘 표현할 수 있게 되지 않을까 해요.

생각보다 엄청난 상상력이 필요한 작업인데 슬럼프는 없나요. 있다면 극복하는 노하우가 궁금합니다.

만들고 싶은 영상 만들며 슬럼프를 이겨내요.

슬럼프는 물론 있죠. 저는 취미로 유튜브를 시작했어요. 재미와 성취감을 얻으려고 시작한 건데, 그런 게 안 될 때 힘들어요. 악플이나, 본업에 무리가 갈 때 슬럼프가 왔던 것 같아요.

제가 인테리어 디자인을 하는데요, 아침 6시에 출근을 해요. 늦게 끝나면 저녁 7시, 8시에요. 퇴근해서 8시부터 준비하고, 방음부스가 없으니 새벽에 찍어야 해요.

그렇게 촬영하면 하루에 두세 시간밖에 못 자요. 그래도 재미있으니까 하는 건데, 체력적으로 힘들긴 해요.

더군다나 좋지 않은 이야기를 듣거나, 영상 찍는 게 의무적으로 될 때 힘들어져요.

처음 구독자가 별로 없을 때는 영상 올릴 때 큰 부담을 갖지 않았는데, 구독자 많아지고 기다리는 분들이 많아지니까 부담감이 들기도 해요.

요즘은 하고 싶었던 대로, 만들고 싶던 영상을 만들려고 해요. 제가 즐거워야 보는 분들도 만족한다고 생각해요.

ASMR 콘텐츠는 해외 구독자도 많은데 로디 님의 경우는 어떤가요. 해외 구독자를 고려해 콘텐츠를 만드나요.

해외 구독자가 절반 정도 돼요... 말 한마디도 조심해야죠.

한국 시청자가 절반 정도 되고 나머지는 외국 시청자예요. 시청자분들이 번역해서 자막을 달아줘요. 유튜브 시스템에 자동 적용 기능이 있거든요. 듣는 사람이 언어를 선택하는 거죠.

일단 언어가 크게 필요 없는 콘텐츠이기 때문에 외국에서 많이 보는 것 같아요. 다른 콘텐츠는 한국말이 많이 나오는데, 이건 언어를 이해하지 못

해도 충분히 효과를 느낄 수 있기 때문에 제약이 덜한 것 같아요.

영상 만들 때 외국 시청자까지 생각하지는 않아요. 아직은 제가 우리나라 말도 제대로 못하기 때문이죠. (웃음) 문화적으로도 외국까지 고려하지는 못하고 있어요.

그렇지만 앞으로 일본어 등 외국어를 배워서 넣고 싶기는 해요. 아무래도 시장이 넓으면 넓을수록 도움이 되니까요.

외국 전통문화를 영상에 도입하면 좋을 것 같아요. 그러나 생각해야 할 부분도 있어요. 서로 다른 생각을 하는 사람이 보기 때문에 민감한 부분을 조심하고 중도를 지키려고 해요. 만약 제가 일본 전통문화를 도입하면 반일감정 가진 분들이 반발할 수 있겠죠. 이런 부분을 충분히 고려해야 한다고 생각해요. 말 한마디 한마디 조심하려고 해요.

유튜버는 구독자와의 소통이 중요한데 로디 님은 어떻게 소통하고 있나요.

댓글은 매일매일 다 봐요.

댓글에 나오는 아이디어는 당연히 많이 활용해요. 거기서 시작하는 경우도 많고요. 댓글이 시장조사 역할을 하는 셈이죠. 그분들이 원하는 영상을 만드는 게 제가 해야 할 일이기도 해요. 매일매일 하나도 빠짐없이 다 봐요. 본업이 있기 때문에 답글은 다 달지 못해요. 필요한 댓글에만 답글을 쓰고 있어요.

인스타그램은 다른 창구로 쓰고 있어요. '이런 영상을 봤는데 너무 좋았다' 이런 것 써주시면 답변하면서 소통해요.

악플 일일이 대응하면 힘들어요.

ASMR을 몰라서 '이게 뭐 하는 거냐'라고 하는 건 상관없어요. 왜냐면 아직 뭔지 모르기 때문이죠. 저도 처음에 그랬어요.

그런데 얼굴을 노출하니까 저를 공격하는 악플이 종종 달려요.

칭찬이 300개 달려도 악플이 하나 달리면 사람이 그것만 봐요. 상쇄되는 게 아니에요. 이걸 처리할 수 있는 건 다른 영역이라고 생각해요. 심한 건 차단을 하죠.

유튜브가 아닌 다른 커뮤니티 같은 곳에 악플을 올리면 스트레스가 더 커요.

소리가 나쁘거나 영상이 나쁘다고 하면 고치면 되는데, 일방적으로 비난하면 제가 할 수 있는 일이 없거든요.

저뿐 아니라 유튜브 하는 사람은 모두 고민일 거예요. 해결 방법이 없어요. 그냥 참아내야 해요.

일일이 상처받고 대응하면 못해요. 그래서 쉬는 분들도 많아요. 힘들어서 그만두면 그 악플러가 원하는 대로 되는 거잖아요. 저는 그냥 참아요.

ASMR은 소위 말하는 '장비 발'도 무시할 수 없다고 하는데 로디 님은 어떤가요.

너무 장비 욕심부리지 마세요.

ASMR이란 장르가 생긴지 얼마 안 됐기 때문에 정보가 별로 없어요. 저도 하나하나 해보면서 알게 됐는데요. 장비는 자기 능력에 맞게 구입하는 게 나을 것 같아요. 저는 욕심이 많아서 막 샀거든요. 조명도 사고 카메라도 사고 소품도 사고. 지금까지 쓴 돈이 600만 원이 넘더라고요. 결국 중요한 건 콘텐츠 내용이에요. 장비는 크게 중요하지 않다고 생각해요. 기본 마이크를 사서 최대치를 뽑아낸 다음 '이걸로는 다음 영상 못 만들겠다'라는 생각이 들 때 새 장비를 사는 게 좋은 것 같아요.

유튜브를 하면서 크게 달라진 점은 무엇인가요.

월급 두 번 받는 느낌이랄까요?

제 본업도 있고 부업도 있는 셈이죠. 부업치곤 많이 버는 편이에요. 월급을 두 번 받는 느낌이라고 할까요? 제일 좋은 건 아르바이트는 열심히 하든 안 하든 같은 금액을 받는데, 이건 제가 열심히 한 만큼 벌 수 있다는 점이에요. 열심히 하는 만큼 버는 직업이 얼마나 되겠어요. 근데 내가 열심히 하는 만큼 버는 직업이 유튜버죠. 그것 때문에 메리트가 있는 것 같아요.

과거와 달라진 점은 아무래도 얼굴을 노출하기 때문에 시작하지 않았을 때보다 재미있는 일이 많은 것 같아요. 이런 인터뷰를 하는 것도 그렇고요. 길을 가다가 알아보는 분도 있어요. 거의 차 타고 이동하고 밖에 잘 안 나오기 때문에 많지는 않지만요. 직장 다니면 매일이 똑같은데, 이런 변수가 생겨 재미있는 것 같아요.

로디가 생각하는 1인 크리에이터 시장에 대한 전망이 궁금합니다.

1인 크리에이터 시장은 더 커지지 않을까요.

유튜브는 잘 모르겠지만 이 문화 자체, 1인 크리에이터 산업은 커질 거라고 봐요. 10년 전만 해도 집 전화가 있었는데 지금은 다 휴대폰으로 하잖아요. 방송도 TV 대신 유튜브를 많이 보는 시대예요.

유튜브가 언제까지 갈지는 모르겠어요. 그러나 1인 미디어 자체는 메리트가 많을 거라고 봐요.

유망 분야는 딱히 하나를 고르기는 힘들어요. 너무 많이 하니까 '한 번 해볼까?' 하고 보면 이미 다 하고 있거든요. 그러니까 자기가 잘하는 것보다 좋아하는 것을 하는 게 좋은 거 같아요. 자기가 잘하는 것을 하려면 경쟁자가 너무 많고 전문 지식도 필요해요. 좋아하고 즐기고 오래 할 수 있는 걸 하는 게 가장 좋은 것 같아요.

홍사운드

겜브링

제이제이 튜브

백수골방

CHAPTER 3

퇴사 그리고 화려한 인생 2막

퇴사하고 유튜브로
대박 친 승부사들

09

홍사운드

이름 김홍경
나이 1989년생
구독자 수 약 121만 명
누적 조회 수 약 1억 6,800만 회
소속사 다이아 TV
방송 주제 먹방

구독자 수·누적 조회 수 2019년 4월 기준

100만 구독자 돌파와 함께 2019년을 시작한 홍사운드는 먹방과 ASMR을 결합한 '리얼 사운드 푸드 크리에이터' 장르를 개척하며 이 분야 최고 스타로 떠올랐다. 중저음의 부드럽고 또렷한 목소리와 침이 꼴깍 넘어가게 만드는 기막힌 먹방 리얼 사운드로 전국구 팬을 보유했다. 틀에 박힌 일상에서 벗어나기 위해 취미 삼아 시작한 유튜브는 그의 삶을 완전히 바꿔놓았다. 중소기업에 다니며 평생 월세방을 전전할지 모른다는 공포를 느꼈던 홍사운드는 과감히 직장을 그만두고 전업 유튜버로 일하며 새로운 인생을 설계하고 있다.

월세냐 자가냐,
인생의 갈림길에
'통닭'이 찾아왔다

'리얼 사운드 푸드 크리에이터' 홍사운드에 대해 간단히 소개해 주세요.

홍사운드지만 홍 씨는 아니에요.

충북 청주에 거주하며 유튜버로 활동하고 있어요. 사실 이름은 김홍경이에요. '홍사운드'인데 성이 홍 씨가 아니어서 '왜 홍 씨가 아냐?' 이런 분들이 많아요. (웃음)

이름 중간에 '홍'이 들어가는 게 재미있나 봐요. 대학 시절 저 부를 때 '홍, 홍' 이렇게 많이 불렀어요. 그래서 채널 이름을 홍사운드라고 만들었죠. 영상 편집할 때 '홍' 하고 넘어가기도 해요.

주변에서 목소리 좋다는 말씀을 많이 해주셔서 '내 목소리가 좋은 목소리'라고 받아들이면서 살아가고 있어요. 그런데 저는 방송하는 제 목소리를 들으면 어색해요. 녹음한 자기 목소리 들을 때처럼요.

처음 유튜브와 어떻게 인연을 맺었나요.

어려서 동영상 자주 찍던 게 유튜브로 이어졌어요.

회사와 집만 오가는 삶을 살아가고 있었는데, 이걸 아내가 보기 안쓰러웠나 봐요. '취미를 가져보는 게 어때?' 이런 이야기가 나와서 '어떤 취미생활을 할까' 고민하기 시작했어요.

한 가정을 꾸려가는 가장이니까 나 혼자 즐겁고 끝나는 취미생활 말고 좀 생산적인 것, 오래 했을 때 그게 기술이 되고 그걸로 가계에 보탬이 되는 그런 취미를 찾아보자고 생각했어요.

지하철 출퇴근하면서 '뭐 하지, 뭐 하지' 2주 정도 고민을 했어요. 그러다 문득 어렸을 때 가족 행사에서 동영상을 찍고 편집해서 가족들에게 보여줬던 기억이 떠올랐어요. '영상 촬영 편집을 해보자' 이런 생각을 하고 영상 쪽으로 취미를 정했어요. 그러다 유튜브를 알게 돼 2015년 12월 말 채널을 만들게 됐죠.

유튜브를 취미 삼아 시작했던 당시의 상황은 어땠나요. 콘텐츠는 처음부터 바로 반응이 왔나요.

평생 월세 살까 두려웠어요.

서울에서 중소기업에 다녔어요. 그러다 청주로 이사를 한 건데요. 회사 급여 수준을 봤을 때 서울 살면 투룸 월세를 벗어나기 힘들겠다는 생가이 들었어요. 10년 후에도 이런 상태를 벗어나기 힘들겠다 싶었죠. 차라리 지방으로 내려갈까 고민하던 중 아는 분이 일자리를 추천해주셨는데, 마침 고향인 청주 쪽이었어요. 그래서 청주에 자리를 잡게 됐어요.

우연히 먹은 통닭 영상이 '대박'의 시작이에요.

구독자가 10명쯤 됐을 때예요. 아내가 첫 구독자고 대부분 아는 사람이 구독하던 시절이었죠. 혼자 집에 있던 날인데, 퇴근길에 치킨이 너무 먹고 싶은 거예요. 동네 시장에서 치킨을 포장해 집에 가지고 갔는데, 혼자 먹기 그래서 먹는 소리를 ASMR 영상으로 찍어보기로 했어요. 아주 편하게 먹으면서 별생각 없이 찍었어요. 그 영상을 올릴까 말까 고민하다 '에라 한번 올려보자' 하고 올려두고 잤어요. 다음 날 유튜브를 열어보니 구독자가 스무 명을 넘어서 '이게 뭐지?' 이런 생각을 했어요.

그런데 다음 날 또 열몇 분이 는 거예요. 이 영상을 보고 구독자가 계속 늘기 시작했어요. 그 이후 '먹는 소리' 중심으로 ASMR을 제작하도록 방향성을 제시해준 게 그 치킨 영상이에요.

당시 구독자 수가 '1'만 올라가도 좋아했어요. 초심, 설렘 그런 경험이었죠. 그 기쁨이 유튜버를 계속하는 원동력이에요. 그 영상을 통해 조금씩 성장한다는 느낌을 받은 게 이 채널을 계속 운영하는 힘이 되는 것 같아요. 사실 직장생활을 하면 누가 나를 엄청나게 좋아해 줄 일이 없잖아요.

처음 ASMR 전문으로 시작해 현재는 푸드 크리에이터로 활동하고 있습니다. 콘텐츠 방향이 바뀐 이유가 궁금합니다.

공모전 입상 후 푸드 크리에이터에 올인했어요.

시장 통닭 영상을 올리고 난 다음부터 구독자가 크게 늘었어요. 구독자분들이 '이거 먹어주세요, 저거 먹어주세요' 요청이 많아졌어요. 기대에 부응하기 위해 먹는 영상을 계속 올렸고, 한 달 구독자가 수백 명 늘다가 다음 달 천 명, 그다음 달 삼천 명 이런 식으로 꾸준히 늘었어요. 2년 동안 6만~7만 명 정도 늘었던 것 같아요.

그러다 2017년 6월 다이아 TV에서 크리에이터 공모전을 했어요. 여기 참가해 운 좋게 2등에 입상을 했어요. 그러면서 채널 정체성을 'ASMR'에서 '푸드 크리에이터'로 확립하게 됐어요. 아예 ASMR 영상을 배제하고 먹는 영상을 집중적으로 올리기 시작했죠. 그러고 나서 석 달 만인 9월쯤 구독자 10만 명을 돌파했어요. 당시 월 7,000명 이상 늘었어요. 푸드 크리에이터 전향이 도움이 됐던 것 같아요. 대중적 분야이고, 저도 확실한 콘셉트를 잡으니까 집중하는 데 도움이 됐어요. 공모전을 통해 유명 푸드 크리에이터 '소프' 님 등과 인연도 생겼고요.

'하고 싶은 걸 하라'라는 게 멘토의 조언이었어요.

소프 님은 다이아 TV 푸드 크리에이터 공모전 멘토로 있었고, 수상 기념 해외연수를 함께 다녀오면서 이야기를 많이 했어요. 소프 님 충고의 핵심은 '하고 싶은 걸 하라'였어요. 조회 수에 연연하지 말고 하고 싶은 콘텐츠를 하라는 거였죠. 하고 싶은 것과 구독자가 좋아하는 절충점을 잘 찾아야 해요.

'나에 대한 이야기'를 좋아해 주시더라고요.

구독자 10만 명 돌파 기념 영상에서 제 이야기를 했어요. 그전에는 따로 '저는 이런 사람입니다' 이런 이야기를 안 했는데, 10만 기념 영상에 제 이야기를 담으며 편하게 촬영을 했어요. 근데 이 영상을 보고 구독자가 많이 늘었어요. 효과가 컸다고 생각해요.

리얼 사운드 콘텐츠는 그냥 먹기만 하기 때문에 포인트가 소리밖에 없어요. 먹는 사람이 누구냐는 중요하지 않게 되는 거예요. 음식과 소리밖에 없어요. 그럼 다른 누군가가 더 나은 소리로 먹으면 그 사람 영상을 보게 되겠죠.

그런데 10만 기념 영상에서 저를 드러냄으로써 소리와 음식뿐 아니라 '홍사운드'라는 크리에이터에게도 흥미가 생기게 만들었다고 생각해요. 내향적 성격이라 저를 드러내는 걸 잘 못하는데, 그때 한 번 용기 낸 게 큰 도움이 됐죠. 그 이후로는 저를 드러내는 데 좀 더 자신을 얻었어요.

그냥 제가 살아온 이야기를 했어요. 직업이 무엇인지, 어떻게 이 자리에 오게 됐는지, 푸드 크리에이터로 어떻게 전향했는지, 수익이 얼마인지 등을 이야기했는데 그다음부터 하루에 수천 명씩 구독자가 늘었어요. 이전보다 두 배 이상 증가 속도가 빨라진 거죠. 이때 한 번 도약했어요.

유튜버로 크게 도약한 계기가 있었나요. 홍사운드 콘텐츠의 어떤 점이 100만 구독자를 만들었다고 생각하나요.

대대적 콘텐츠 개편으로 한 단계 더 성장했어요.

2018년 2월쯤 침체기가 왔어요. 어떤 영상을 올려도 조회 수가 잘 안 나오기 시작했죠. 구독자 증가도 예전만 못했고요. 이때가 좀 힘들었던 시기예요.

그래서 조금씩 수정을 하다가, 5월에 대대적으로 콘텐츠를 새로 만들었어요. 편집과 영상 구성을 바꿨어요. 예전에는 음식을 먹으면 먹고 씹는 모습을 다 보여주고 멘트가 나오고 이런 식으로 진행했는데, 이때부터 과감하게 잘라내고 먹는 장면도 10초 이내로 확 줄였어요. 곧바로 멘트가 나오고, 화면도 확대 화면과 축소 화면을 다이내믹하게 보여줬어요.

기존 영상 길이가 10분, 15분 정도였다면 5월부터는 다 잘라내고 압축해서 5분 이내로 줄였어요.

반응이 온 게 엽기 떡볶이였어요. 엽기 떡볶이 영상 반응이 너무 좋아 그 후부터 구독자가 하루 삼천 명, 사천 명 이렇게 증가하기 시작했어요. 당시 주당 평균 삼만 명씩 늘었어요. 이게 유튜브 최상위권 성적이에요. 월평균 10만 명 이상 구독자가 증가했어요.

수백 개 영상을 공부한 결과 '템포'가 문제인 걸 깨달았어요.

잘 나가는 크리에이터 영상을 계속 보면서 느낀 건데요. 템포가 굉장히 빠른 거예요. 그런데 제 영상은 템포가 느리더라고요. 그럴 수밖에 없었어요. 처음 ASMR에서 출발했기 때문에 영상 전체에 깔린 차분함과 정적인 느낌이 계속 묻어있었던 거예요.

'나도 좀 더 빠른 템포로 요즘 트렌드에 맞게 편집을 해보자' 이런 생각을 하게 된 거죠. 한 명을 본 게 아니라 당시에 떠오르는 샛별이나 잘하는 분들, 모든 분야 크리에이터 영상을 다 보고 공부했어요. 한 달 넘게 영상을 틈나는 대로 봤어요. 비는 시간은 거의 유튜브를 켜놓고 살았어요. 수백 개는 본 것 같아요.

예전에는 혼자 편집하고 내보냈는데, 이때부터 편집을 하고 아내에게 검사를 맡았어요. '이런 부분은 필요 없는 것 같아' '이 부분은 너무 빠른 것 같아' 그러면 이걸 반영하죠. 최근에는 전문 편집자를 구했어요.

시청자를 붙잡기 위해 오프닝송도 만들었어요.

원래 채널이 ASMR로 시작했잖아요. 사람들이 원했던 건 '이 사람이 음식을 먹으면 어떤 소리가 날까'가 포인트였어요. 제 영상을 틀었는데 먹는 소리가 나오면 '아, 이런 소리군' 하고 끝이에요. 그래서 10초가 지나면 들어온 사람의 80%가 나간다는 통계가 나오더라고요. 유튜브 분석 시스템에 다 나와요.

시청자가 좀 더 오래 볼 수 있게 만들어야 했어요. 처음에는 뒤에 있는 내용을 앞에 보여주기도 했는데 크게 효과가 없었어요. 그래서 식욕을 돋우는 고화질 음식 장면을 집어넣고, 거기에 음악을 넣어 집중도 있게 보는 오프닝 화면을 따로 만들었어요.

그리고 오프닝 음악 박자에 맞는 글자를 넣었어요. 근데 엽기 떡볶이를 넣으려다 보니 '동대문 엽기 떡볶이'가 8자로 너무 긴 거예요. 4~5자 정도가 자막에 딱 맞는데.

고민하다가 '이번엔 말로 해보자'라고 생각하고 '동대문 엽기 떡볶이 냠

냠냠' 이렇게 말로 했는데 이걸 좋아해 주시더라고요. 다음 음식부터 아예 가사를 붙여서 오프닝송을 만들게 됐어요. 처음에는 유튜브 무료 음원을 사용했는데, 어느 순간 정체성이 없다는 생각이 들었어요. 그래서 작곡가에게 곡을 받아 지금의 오프닝송을 사용하고 있어요.

콘텐츠에 수많은 댓글이 달리는데
이 댓글을 어떻게 활용하나요.
악플에는 어떻게 대처하는지도 궁금합니다.

모든 댓글에 하트 표시해요.

모든 댓글을 직접 다 확인하고 하트 표시를 해요. 하트는 채널 운영자만 누를 수 있는 거예요. 댓글 쓴 분은 제가 눌렀다는 걸 알게 되는 거죠. 저는 악플에도 하트를 다 달아요. 많을 때는 하루 1,000개 넘게도 달아봤던 것 같아요.

제 영상을 불편해하는 댓글을 관심 있게 봐요. 그게 단순 악플일 수 있는데, 누군가 굳이 댓글을 다는 건 이유가 있다고 생각해요. '바뀌었으면 좋겠다'라는 애정이 있어서 적는 거라고 생각하죠. 불편한 댓글이 하나면 넘어갈 수 있는데, 몇 개 연속되면 진지하게 고려를 해요. 개선하기 위해 노력하는 편이에요.

악플에는 단호하게 대응할 때도 있어야 해요.

악플은 별로 신경을 안 쓰긴 해요. 외모에 관한 악플이 많이 달려요. 어느 날은 제가 아닌 가족을 욕하는 댓글이 달렸어요. 이걸 아내가 본 거예요. 보통은 삭제하는데, 삭제하기 전에 본 거죠. 아내가 마음의 상처를 받았어요. 그래서 법적 조치를 해야겠다고 생각하고 경찰서에 고소했어요. 그 이후 심한 악플은 사라졌어요.

단호한 대처도 필요하다고 봐요. 비평은 받아들이지만, 이유 없는 비난은 가끔 단호하게 조치할 필요가 있어요. 제일 좋은 건 개선하려고 노력하는 거라고 생각해요. 조회 수 1 늘어났다고 생각하는 것도 좋은 방법이에요. (웃음)

홍사운드 영상 댓글을 보면 장비에 대해 궁금해하는 사람이 많습니다. 콘텐츠 제작에 장비 성능이 중요한가요.

장비보다는 노하우가 중요해요.

좋은 소리를 들려주는 게 나만의 경쟁력이라고 생각하고 촬영 때마다 새롭게 테스트했어요. 장소도 바꿔보고 마이크 위치도 바꾸고, 세팅도 달리하고 기종도 테스트하고요. 그러다 저만의 노하우를 찾아낸 거죠.

마이크 위치와 기종을 알려 달라는 댓글이 많이 달려요.[4]

한 인터뷰에서 장비 노하우의 중요성을 강조했는데 제가 어떤 대가를 받은 것으로 오해를 하시더라고요. 그래서 장비 이야기는 조심스러워요.

카메라, 마이크, 조명 등 장비 가격이 500만~600만 원 정도 되는 것 같아요. 집에 방음 부스를 만들어 촬영하고 있어요. 청소 소음, 차 소음 등이 다 들어가기 때문에 방음 부스가 필요해요. 방 하나를 다 쓰고 있어요. 방음 부스만 400만 원 정도 들었어요.

제가 권장 드리는 건 처음부터 다 갖추려고 하지 말라는 거예요. 처음에는 새벽 등 조용한 시간에 하고, 내가 성장하는 게 보일 때 적극 투자를

4) 구독자 사이에선 홍사운드가 어금니나 식도에 마이크를 단다는 우스갯소리가 나올 정도로 마이크 위치가 베일에 싸여 있다.

하는 게 안전하지 않나 생각해요. 비싼 장비 쓴다고 무조건 소리가 잘 나는 건 아니거든요.

기본적으로 푸드 크리에이터인데 먹는 양이 많지는 않습니다. 먹는 양과 조회 수와는 큰 상관이 없나요.

한 번에 많이 못 먹는 게 저의 단점이죠.

영상 업로드 주기를 정하는 게 좋다고 하더라고요. 이걸 맞추는 게 생각보다 쉽지 않아요. 예를 들어 1일에 촬영해서 2일까지 편집해서 올리려고 했는데, 먹었더니 맛이 없어요. 근데 이미 뭘 먹어서 더 먹을 수가 없어요. 그럼 다음 촬영 일로 넘어가서 다른 걸 먹어야 해요. 이런 일이 종종 생기니까 많이 못 먹는 게 핸디캡이라고 느껴요. 저는 1~2인분을 맛있게 먹어요. 더 많이는 못 먹어요.

다양한 언어로 영상을 올리고 있습니다. 해외 팬들의 반응이 있나요.

음식은 누구나 좋아하니까, 해외에서도 경쟁력이 있어요.

2018년 5월 엽기 떡볶이 때부터 영어 자막을 달기 시작했어요. 6~7월부터는 동남아 언어도 업로드하고 있어요. 이게 요즘 효과가 나타나는 것 같아요. 유입량이 많이 늘었어요.

처음 자막 넣을 때는 변화가 없었는데 몇 달 지나니까 변화가 눈에 띄게 나타나기 시작했어요. 아무래도 먹는 것 자체가 모든 사람과 관련된 영역이다 보니, 전 세계적으로 해야 한다고 생각해요.

100만 유튜버로서 1인 크리에이터 시장의 미래를 어떻게 보나요.

10년 뒤에도 유튜버는 살아남지 않을까요.

유튜브 플랫폼이 사라지기 전까지는 계속 유튜버를 할 수 있지 않을까 생각해요. 지금도 트렌드에 맞춰 계속 변화하고 있으니까요. 아마 10년 뒤 홍사운드는 지금과 굉장히 다른 모습에, 다른 콘텐츠를 할 수도 있다고 생각해요. 하지만 홍사운드라는 채널은 그때도 계속 성장하도록 연구하고 노력할 생각이에요.

홍사운드에 '사운드'가 들어가 확장성이 떨어진다는 생각을 할 때도 있어요. 하지만 사운드라는 이름이 들어가 있기 때문에 내 정체성을 확실히 정립해주고, 내가 앞으로 변화하는 방향에도 어느 정도 가이드를 해줄 수 있다고 봐요.

새로 유튜브를 시작하는 사람에게 조언한다면 어떤 말을 하고 싶나요.

생각보다 힘들어요… 좋아하는 분야에 뛰어드세요.

유튜브는 하고 싶은 분야에 뛰어들면 되는 것 같아요. '나 돈 벌어야지' '이게 유명하니까 이거 해야지' 하면 오래 할 수가 없어요. 생각보다 고된 작업이거든요. 영상 촬영하는 데 몇 시간, 편집하는 데 몇 시간이 걸려요. 내가 싫어하는 분야면 편집을 공들여 하기가 진짜 힘들어요.

내가 즐겁게 하는 분야에서 시작하는 게 좋은 것 같아요. 저는 식비를 써도 적자가 안 나기까지 2년 가까이 걸렸어요. 이걸 계속하려면 결국 재미있어야 해요. 당장 수익을 바라고 뛰어들면 오래 할 수가 없을 것 같아요.

다니던 직장을 관두고 전업 유튜버가 됐습니다. 현재 수입과 만족도는 어떤가요.

이제 음식 가격 안 보고 시킬 정도는 벌어요.

본업만 할 때는 박봉으로 빠듯하게 생활했어요. 근데 10만 구독자를 넘어선 이후 수익이 늘어서 도움을 받고 있어요.

옛날에는 식당 가면 가격표 보면서 '이거 먹을까 저거 먹을까' 고민했는데 이제는 먹고 싶은 음식을 마음껏 먹을 정도의 여유는 갖게 됐어요.

'대기업 들어갈래? 유튜버 할래?'라고 물으면 삶의 질 측면에서 유튜버를 선택할 것 같아요. 지금 유튜버 하면서 집에서 일을 하니까 아이 어린이집 등원도 가능해요. 대기업 가면 삶이 거기에 매일 것 같아요.

10

겜브링

이름 송영규
구독자 수 약 76만 명
누적 조회 수 약 5억 7,800만 회
소속사 샌드박스네트워크
방송 주제 게임

구독자 수·누적 조회 수 2019년 4월 기준

겜브링은 종합 게임 방송을 진행하는 유튜브 크리에이터다. 정신줄을 놔버린 듯한 '신들린 말발'을 자랑하며 76만 구독자를 몰고 다닌다. 특히 초등학생에게 인기가 많아 또 한 명의 '초통령'으로 꼽힌다. 대형 병원 간호사로 일하던 겜브링은 유튜브에 꽂혀 안정적인 직장을 그만두고 전업 유튜버를 선택했다. 과감한 선택을 하기에는 당시 그가 처한 상황이 평범하지 않았다. 결혼해서 가정을 꾸린 데다 곧 첫아이가 태어날 예정이었다. 1년 동안 취미로 유튜브 방송을 해봤지만 수입은 '0원'이었다. 하지만 '유튜브 시대'를 확신한 겜브링은 고난의 길을 택하고 밤을 지새우며 유튜브 방송에 올인했다. 유튜브 운영 5년 차, 그의 결단은 직장 월급의 10배가 넘는 수입으로 돌아왔다. 그는 '나만의 확고한 차별성'을 성공 비결로 꼽았다.

간호사 그만두고 '병맛 게임'으로 연봉 10배 뛴 이 남자

겜브링에 대해 간단히 소개해주세요.

전직 간호사이자 현직 종합 게임 유튜버예요.

유튜브에서 종합 게임 채널을 운영하고 있어요. 어린 친구들이 볼 수 있게 비주류라고 부르는 종합 게임을 많이 다루고 있죠. 충주에 살고 아들이 하나 있어요. 전직 간호사였고, 2015년부터 유튜브를 시작했어요. 예전에 '브링'이라는 닉네임을 썼어요. 유튜브 채널도 처음엔 '브링'이었는데, 게임할 거면 '게임'이라는 뜻을 넣는 게 좋겠다는 친구들 권유에 따라 '겜브링'이라고 하게 됐죠.

2015년이면 유튜브가 지금처럼 큰 관심을 끌 때는 아닙니다. 유튜브를 시작한 계기가 궁금합니다.

취미로 게임 유튜버를 시작했어요.

저는 지극히 평범하게 자랐어요. 간호사였던 이모를 따라 저도 간호학과를 나와 간호사 생활을 시작했어요.

유튜브는 평소 즐겨 봤어요. 미국에서는 유튜브 시장이 엄청나게 커지고 있다는 소식은 들어서 알고 있었고요. 관심을 갖고 찾아보니 한국에는 미국 같은 게임 영상이 별로 없더라고요. 스타크래프트 이런 영상만 많고, 아이들이 볼 만한 게임 영상이 별로 없었어요. '해외에서는 다양한 게임 영상이 인기 있는데 왜 우리나라에선 아무도 안 하지?' 이런 생각이 들었어요. 그래서 취미로 2015년 유튜버 생활을 시작했어요.

취미로 시작한 유튜브는 어땠나요. 예상처럼 잘 됐나요.

유튜버 1년 동안 수입이 전혀 없었어요.

그냥 카메라하고 마이크 하나 사서 무작정 방에서 방송을 시작했어요. 물론 처음에는 아무 반응이 없었죠. 1년 동안 수익이 한 푼도 없었어요. 구독자도 몇백 명 정도였어요.

구독자가 130명 정도 됐을 때 멀티채널네트워크MCN[5] 기업 샌드박스 네트워크에서 연락이 왔어요. 더 좋은 환경에서 유튜브 활동을 할 수 있게 도와줄 테니 계약을 하자는 제안을 했어요. 처음에는 유튜버 개념이 없을 때라 놀랐어요. '왜 나한테 이런 제안을 하지' 이런 생각이 들었어요.

저는 자신이 좀 있었어요. 한국에는 제가 즐겨 보던 외국 채널이 없었거든요. '내가 이걸 한국에서 하면 언젠가는 알아봐 주겠지'라는 생각이 들었어요.

전업으로 유튜버를 하기 위해 집사람과 상의했어요. '나 유튜버가 너무 하고 싶다' 그랬더니 기도 안 찬다는 반응이었죠. (웃음) 유튜브를 해서 돈을 번다는 걸 허무맹랑한 소리로 알더라고요. 집사람은 유튜브를 안 봤거든요.

전업 유튜버를 반대하는 아내를 어떻게 설득했나요. 본인에게도 힘든 선택 아니었나요.

5) 1인 크리에이터의 활동을 돕는 전문 회사. 연예 기획사처럼 1인 크리에이터의 영상 제작과 계약, 스케줄 관리 등을 지원한다.

뱃속에 아이가 있는데 전업 유튜버 선택은 정말 힘들었어요.

제 첫 직장은 충주였는데, 큰 병원으로 옮기고 싶어서 경기도 대형 병원에 원서를 넣었어요. 한 명 뽑는데 합격을 한 거예요. 당시 유튜브를 취미로 조금씩 하고 있었는데, 병원에 다닐지 유튜버를 할지 결정을 해야 했어요. 동시에 둘 다 하기는 힘들겠더라고요.

샌드박스네트워크와 진지한 상담을 했어요. 샌드박스네트워크에서는 제 인생을 책임져주지는 못하지만, 제가 유튜버를 하면 성공 가능성이 있다는 이야기를 해주셨어요. 여러 이야기를 듣고 길이 있다는 걸 알게 됐고, 이걸 가지고 다시 집사람을 설득했어요. '간호사는 취업이 잘 되니 1년 동안 하다가 망하더라도 다시 취직하면 되겠다'라고 집사람이 말해주더라고요. 스트레스받지 말고 해보라고요. 서른 살 때 이야기예요. 곧 아이가 태어날 예정이던 때여서 저도 쉽지 않은 선택이었죠. 집사람 지지가 없었다면 아마 유튜버의 길을 선택하지 못했을 것 같아요.

유튜버를 취미로 할 때와 전업으로 할 때 어떤 점이 가장 차이가 있고, 또 힘들었나요.

눈물겨운 배움의 시절 겪었죠.

전업 유튜버를 하기로 결심하고 아침 일찍 일어나 촬영, 편집, 섬네일

제작 등을 혼자 다 했어요.

거의 매일 밤을 새우다시피 했어요. 편집도 전혀 할 줄 몰랐어요. 막히는 게 있으면 무조건 검색하며 배웠죠. 버튼 하나하나 다 눌러봤어요.

3개월 정도 고생하다 보니 실력이 늘더라고요. 굳이 학원 다니거나 책을 볼 필요는 없는 것 같아요. 이게 2016년 말 이야기예요.

집사람이 벌어온 돈으로 생활했기 때문에 하루하루가 절박하던 시절이었어요. 하루에 영상을 한 개 찍었는데 편집이 8시간 넘게 걸렸죠. 40분에서 1시간 30분 정도의 영상을 찍어서 10분 이내로 줄이는 데 이렇게 많은 시간이 걸린 거예요. 요령도 없고 어떻게 해야 할지 판단도 안 되니까 오래 걸릴 수밖에 없었죠.

제 눈에 재미있을 때까지 계속했던 것 같아요. 6개월 정도 하니까 수익이 조금 났어요. 작업 속도도 3~4시간으로 줄었고요.

첫 방송 찍기 전 며칠 동안 시나리오를 짰죠.

제가 지금 주력으로 하는 게임이 '어메이징 프로그'라는 게임이에요. 개구리가 나와서 돌아다니는 게임인데요. 이게 내용이 없어요. 악당을 물리치거나 하는 일반적인 게임이 아니에요. 그냥 돌아다니면서 재미를 스스로 찾아야 해요. 우리나라에서 못 보던 장르여서 시나리오를 짜야겠다는 생각을 했어요.

시나리오를 며칠 동안 고민하고 대사도 적고 했어요. 녹화를 2~3시간

하고 편집도 6~7시간 걸려서 했죠. 꼭 성공시키고 싶다는 열망 때문에 공을 많이 들였어요. 덕분에 반응이 좋았어요. 지금 생각하면 별것 아닌데, 그땐 처음이라 그랬던 것 같아요.

전업 유튜버로서 의미 있는 성장을 한 건 언제인가요. 어떤 계기가 있었나요.

영상을 꾸준히 쌓으면 터지는 시기가 와요.

유튜버 모임 가면 '터지는 시기가 온다'라는 말들을 하는데, 처음엔 이해를 못 했어요. 근데 영상을 쌓아놓고 있다 보니 시청자가 확 몰리는 영상이 하나는 생기더라고요. 첨에 올렸을 땐 반응이 없었는데, 올리고 2주 지나서 반응이 오는 게 있었어요. 한 개가 터지니까 구독자가 갑자기 확 올라갔어요. 2017년 여름 일이에요. 만 명, 이만 명 정도에서 정체였는데 구독자가 터지면서 결국 20만 명까지 갔어요. 2018년 60만 명까지 갔고요.

TV 방송 나가는 게 도움이 많이 됐어요. 구독자 40만 명 정도일 때 '애니박스'라는 게임 전문 케이블 TV 채널에 나갔어요. 케이블 TV 나가면서 TV 보고 왔다는 사람이 많더군요.

종합 게임은 성장이 더디지만 대신 안정적이에요. 선정적 채널은 뜰 때 확 뜨고 기복이 심하지만, 종합 게임 채널은 꾸준히 쌓이고 옛날 영상도 소비가 많아요. 조회 수도 꾸준하고요.

한두 게임을 전문적으로 다루는 게 게임 방송의 정석인데 여러 게임을 하는 이유는 뭔가요.

종합 게임의 장점은 창의성이에요.

초등학교 때부터 컴퓨터 게임을 많이 했어요. 잘하지는 못해요. 저는 한 게임을 깊이 파는 스타일이 아니에요. 대신 신작이 나오면 여러 가지 하는 걸 좋아했어요. 종합 게임이 저한테 맞아요. 주류 게임 한두 개를 열심히 하는 분이 많아요. 배틀 그라운드, 스타크래프트, 롤, 오버워치 등등. 종합 게임은 여러 개를 하는 거예요. PC 게임, 콘솔 게임, VR 게임 등이죠.

종합 게임은 캐릭터를 가지고 노는 거예요. 목표가 없어요. 구경 다니면서 하고 싶은 거 하는 거예요. 약간 '병맛' 이에요. 자유분방해요. 유튜버가 활용하기에는 좋아요. 창작을 마음대로 할 수 있으니까요. 예를 들어 모험 에피소드로 만들 수도 있고, 이상한 짓을 해서 우스꽝스럽게 만들 수도 있어요. 단계를 올라가는 게 없어요. 인형극이랑 비슷해요. 스토리는 제가 만드는 거예요. 가서 막 눌러보고, 엉뚱하게 하고 그래요. 그 맛에 보는 것 같아요.

대중 게임 필요성 느낄 때도 있어요.

주류 대중 게임도 하고 싶은 생각이 많아요. 다만 제가 게임을 잘 못해서 고민이에요.

성장하려면 주류 게임이 필요한 것 같아요. 트렌드를 너무 안 따라가니까 성장에 한계가 있어요. 조회 수에 비해 성장이 더뎌요. 조회 수는 많이 나오는데, 구독자 증가 속도가 느리고 이슈에 대응을 못해요. 내부에서 트렌드를 반영할 필요가 있다는 회의 결과가 나왔어요. 대중성이 떨어진다는 거죠. 주 시청 연령층이 너무 어리게 가는 것도 있어요.

정체성 혼란이 조금 있긴 해요. 억지로 연령대를 올리지는 말고, 지금 보는 시청자와 함께 커나가자는 결론을 내렸어요. 성장 속도를 맞추려고 해요.

유튜버로서 성공하기 위해 무엇이 중요하다고 생각하나요. 본인만의 노하우가 있다면 말씀해주세요.

주류 게임에서 느끼지 못하는 유머 코드를 주려고 해요.

샌드박스네트워크에서 책을 낼 때 저를 '병맛 크리에이터'라고 한 줄 소개했어요. 지금 생각해보면 주류 게임에서 느끼지 못하는 느낌, 이게 '병맛'의 의미인 거 같아요. 그런 유머 코드가 있어요. 사전적으로 정의하기는 힘든 느낌이죠.

성공하려면 차별성이 필요해요.

저는 차별성이 없다면 유튜버를 시작하지 않았을 거예요. 왜냐하면 유튜브에서 방송하시는 분들이 이미 너무 많아요. 얼굴이 특이하거나, 말을 잘하거나, 편집을 잘하거나 등등 분명한 장점이 없으면 힘들 것 같아요.

성실하게 하는 건 너무 당연한 거고요. 열심히 하는 사람들이 많은데, 열심히 한다고 다 되는 건 아닌 것 같아요. 밤새 영상 찍어 올려도 안 되는 사람은 안 되기도 하더라고요.

저는 소속사 도움이 컸어요. 혼자 판단하는 게 힘들어요. 객관적 판단이 필요해요. 저도 소속사에서 '뼈 때리는' 소리 많이 들었어요. '이거 재미없다' '이런 드립 왜 했나' 이런 말이요. 세세히 지적이 들어와요.

일단 시작하고, 남의 방송을 많이 보세요.

남의 방송을 많이 보는 게 중요한 것 같아요. 자기 걸로 만들려면 많이 알아야 해요. 보기 싫어도 많은 유튜브 방송을 보는 게 중요해요. 분야도 다양하게 보고요. 그래야 자신의 방송에 접목이 되고 아이디어도 얻을 수 있어요. 편집 프로그램은 부딪쳐보는 게 좋은 것 같아요. 말은 꺼내는데 시작 안 하는 분들이 주위에도 많아요. 일단 시작하는 게 중요하다고 생각해요.

댓글은 꼭 챙겨 봐요.

종종 생방송을 하며 구독자와 소통을 하고 있어요. 댓글 많이 보는 것도 도움이 돼요. 물론 무의미한 댓글도 많아요. 그래서 댓글을 안 보는 유튜버도 많은데, 안 보다 보면 피드백을 못 받아요. 저는 일부러 시간 내서 다 봐요.

메일 제보도 많이 받아요. 유행하는 놀이문화 정보를 많이 듣게 돼요. 아이디어 고갈은 없어요. 워낙 제보가 많으니까요. 구독자들이 참신한 아이디어를 보내줘요. 게임 추천은 너무 많아서 다 받지 못할 정도예요. 국내외 게임 커뮤니티에서 정보를 수집하기도 해요.

유튜브는 알다가도 모를 곳이에요.

간장 게장 먹방을 한 적이 있어요. 게임에 게가 나오니까 게임을 한 뒤 게장을 먹어보자는 것이었죠. 아이디어 회의 통해서 나온 거예요. 근데 좀 지저분하게 먹었어요. 먹방 잘하는 분들에 비하면 정말 못했어요. 잘 못하니까 일부러 그렇게 먹었어요. 너무 지저분하게 먹었다고 나중에 회의에서 욕먹었어요. 그런데 이게 의외로 인기가 있었어요. 그 뒤로 세팅을 해서 제대로 먹으니까 오히려 조회 수가 안 나오더라고요. 유튜브는 정말 알다가도 모르겠어요.

서울이 아닌 지방에서 크리에이터를 하는 건 어떤가요. 장점 혹은 단점이 있나요.

지방에서 유튜버하는 어려움이 있어요.

처음에는 서울에서 하지 않고 지방에서 해도 괜찮았어요. 그런데 채널이 커지고 이런저런 시도를 하고 싶은데, 지방 소도시다 보니 할 게 많지가 않아요. 게임만 해서는 안 되겠더라고요. 요즘은 서울 가고 싶어요. 지방은 인프라가 부족해요. 놀이동산이라든지 맛집 같은 게 많지 않아요. 촬영이나 편집 도움 인력도 부족하고요.

겜브링이 보는 유튜브와 1인 크리에이터의 미래는 어떤가요.

지금도 전문 회사 관리받으면 승산 있어요.

유튜브는 향후 몇 년은 계속 커질 것 같아요. 물론 다른 플랫폼이 생길 수도 있고요. 1인 크리에이터는 어디든 갈 수 있다고 봐요. 플랫폼은 바뀔 수 있지만 1인 크리에이터는 계속 인기가 있을 거예요. 지금 시작한다고 해도 전문 MCN 회사의 관리를 받으면 충분히 승산이 있다고 봐요. 조금만 관리해주면 남들보다 앞서갈 수 있어요.

유명 유튜버로 자리 잡은 지금의 수입은 어떤가요.

직장 다닐 때보다 10배 더 벌지만 불안해요.

사는 건 일반 직장인과 같아요. 저는 출퇴근을 정해놓고 하거든요. 이런 분 잘 없을 거예요. 저는 가정이 있으니 출퇴근 시간을 지켜요. 예전 직장 다닐 때와 비교해 생활이 전혀 안 바뀌었어요.

경제적으로는 훨씬 윤택해졌죠. 대출도 갚았고요. 직장 다닐 때보다 10배 이상은 벌어요. 아내도 전업주부를 할 수 있어서 좋아해요. 저도 이게 가장 좋아요. 그런데 또 빚은 생겨요. (웃음) 다만 불안해요. 수입이 월마다 들쭉날쭉해서요. 종합 게임은 그나마 조회 수가 꾸준한 점이 다행인 것 같아요.

겜브링의 향후 계획은 무엇인가요.

진정성으로 제 틀을 깨고 싶어요.

저는 지금 과도기예요. 이걸 넘지 못하면 100% 정체기가 올 것 같아요. 제가 지금 중요하게 생각하는 게 '진정성'이에요. 주로 하는 녹화방송은 라이브가 아니다 보니 연기 톤도 많고, 설정샷도 좀 있어요. 소통이 없어서 벽에 갇힌 느낌이 많았어요. 저 혼자 하는 것 같고요. 진정성을 보여주고 저를 느끼도록 해야 성장할 수 있다고 생각해요. 연예인 보려고 유튜브를 보는 거 아니잖아요.

틀을 못 깨면 100만 구독자 못 갈 것 같아요. 저의 진짜 모습을 보여주고 싶어요. 조용한 성격을 잘 녹여서 보여주고 싶어요. 요즘 생방송을 하는 것도 진짜 모습을 보여주기 위한 연습 과정이에요. 생방송에서는 제 모습을 편하게 다 보여줘야 하니까요. 녹화방송에 나오는 제 모습도 조금씩 달라지고 있어요.

11

제이제이 튜브

이름 김승태
나이 1978년생
구독자 수 약 98만 명
누적 조회 수 약 6억 8,400만 회
소속사 샌드박스네트워크
방송 주제 키즈

구독자 수·누적 조회 수 2019년 4월 기준

제이제이 튜브는 유튜브에서 선풍적 인기를 끌고 있는 '키즈 콘텐츠'를 이끄는 핫한 채널이다. 장난감 언박싱을 기본으로 공룡 합성 영상, 키즈카페 놀이 영상 등으로 구독자 100만 명에 근접하며 어린이들의 절대 지지를 받고 있다. '공룡 화석 쥐라기 장난감 놀이'나 '또봇 미끄럼틀 놀이'처럼 누적 조회 수가 2,000만~3,000만 회를 넘는 초대형 히트작이 많은 게 특징이다. 아빠와 어린 자녀가 함께 논다는 긍정적 콘셉트도 인기 비결 가운데 하나다. 학원 강사를 접고 비교적 늦은 나이에 유튜브 세계에 뛰어들었지만 특유의 성실함과 꼼꼼함으로 아이들의 마음을 사로잡으면서 화려한 '인생 2막'을 여는 데 성공했다. 제이제이 튜브는 '새로운 시도'와 '꼼꼼한 관찰'의 중요성을 강조했다.

조회 수 3,000만 회?
장난감 영상으로
대박 친
학원강사

제이제이 튜브에 대해 간단하게 소개해 주세요.

가족 중심 채널 제이제이 튜브입니다.

제이제이 튜브를 운영하는 '제빠'라고 해요. 열한 살 지우, 여덟 살 서준이 아빠예요. 아이들 대상 채널이다 보니 쉽고 금방 기억될 수 있도록 지우의 제이J 와 서준의 제이J 를 따서 채널 이름을 만들었어요.

저는 '제이제이 아빠'라서 제빠고요. 처음엔 좀 어색했는데 지금은 제빠라고 안 해주시고 '아버님' 하면 좀 이상해요.

저희는 가족 중심 채널이에요. 저하고 아이들이 처음에는 단순한 장난감 언박싱 위주 영상을 올렸지만 지금은 장난감을 가지고 상황극이나 먹방을 하기도 해요. 키즈카페나 테마파크, 놀이동산 이런 데 놀러 가는 영상들을 주로 업로드하고 있어요.

아이들 대상으로 유튜브 채널을 운영하겠다고 결심한 계기가 있나요.

장난감 언박싱이 인기? 나도 할 수 있겠다 자신했죠.

입시학원에서 과학과 수학을 가르치면서 유튜브에 관심을 가지고 있었어요. 주로 저녁에 일을 하다 보니 아이들 얼굴 보기가 힘들었어요. 평일에는 자는 것만 보고 주말에 조금 같이 놀았거든요. 아이들이 예쁠 때가 한철인데, 같이 뭔가를 할 시간이 부족한 게 안타까웠어요.

그러던 어느 날 유튜브 인기 관련 해외 기사를 봤는데 장난감 박스를 뜯는 '언박싱'이 순위에 들어있어 신기했어요. 그냥 박스를 뜯어서 장난감을 보여주는 게 끝이었어요. 근데도 구독자 수가 엄청나더라고요. '뭐야, 아이들이 이런 걸 본다고?' 이런 생각을 하며 관심을 갖게 됐어요. 솔직히 '이런 거면 나도 할 수 있겠다'라는 생각이 들었죠.

1년 정도 아이들과 촬영, 편집 연습을 했어요. 검색을 하면서 독학으로 배웠어요. 그러다 3년 전부터 본격적으로 영상을 유튜브에 올리기 시작했어요.

키즈 콘텐츠 제작이 힘들지는 않았나요. 어떻게 제이제이 튜브만의 방향성을 찾았나요.

키즈 콘텐츠가 부담이 적었어요.

부담이 적었어요. 시청자 연령이 높으면 영상도 나이에 맞게 복잡하게 찍어야 하는데 키즈 콘텐츠는 그건 아니니까요. 좀 어설퍼도 아이들이 볼 때는 문제가 없을 것 같았고, 아이들은 본거 또 보고 계속 보거든요. 어른들은 한번 보면 안 보잖아요. 그래서 키즈 콘텐츠가 부담이 적었어요.

본격적으로 유튜브를 하면서 어떤 점이 많이 힘들었나요.

편집이 정말 어렵더군요.

처음에 촬영은 그래도 할만했는데 편집이 어려웠어요. 5분 영상이니까 금방 만들 줄 알았는데 하나 만드는데 이틀, 삼일 걸렸어요. 좀 익숙해지니까 6~7시간 걸리면 5분짜리 영상을 하나 만들 정도가 됐어요. 주말에 모아서 촬영하고 주중에는 잠을 자지 않고 작업하면 하루 한 편 정도는 올릴 수 있게 됐어요. '이 정도면 정기적으로 업로드할 수 있겠다'라는 생각이 들어서 유튜브를 본격 시작했어요.

외국 유튜브 보고 공부했는데, 일본은 우리와 정서가 많이 달라요.

처음엔 일본, 미국 등 해외 채널을 보고 연구를 많이 했어요. 아무래도 서양보다는 일본 채널을 많이 참고했어요. 그런데 일본과 한국은 정서가 많이 다르다는 걸 알았어요. 일본에서 인기 있는 영상이라고 해서 한국에서 많이 보는 건 아니더군요.

일본은 굉장히 정적이에요. 조용하고 잔잔하고 일상적이에요. 조용조용 말을 많이 해요. 반대로 우리나라는 되게 다이내믹하고 시끌벅적하고 이래야 인기를 끌어요.

이런 연구를 좀 하고 나니까 우리나라에서 유행하는 장난감들이 눈에 띄기 시작했어요. 어떤 장난감을 좋아하고 어떤 영상을 많이 보는지 알게 된 거죠. 이런 정보를 모으고 저희만의 색깔을 넣어 영상을 만들었더니 조금씩 반응이 오기 시작했어요.

제이제이 튜브 콘텐츠는 평균 조회 수가 무척 높은데 비결은 무엇인가요.

새로운 시도를 많이 하려고 해요.

저희 영상에 공룡과 공룡 알이 많이 나와요. 남자아이들이 공룡을 좋아하거든요. 전혀 새로운 건 아니고 해외 영상에서 배운 거예요. 해외에서는

'서프라이즈'라고 해서 큰 알에서 장난감 꺼내는 걸 많이 하더라고요.

저는 직접 장난감 알을 만들고 이게 우주에서 온 것이라고 연출을 했어요. 해외 영상에서는 알에서 장난감을 꺼내는 장면부터 시작하는데, 저는 알을 찾는 장면부터 보여줬어요. 나름 새로운 시도를 한 거죠. 장난감을 분해했다가 다시 조립을 한 것도 새로운 시도였어요. 섬네일에 분해된 장난감을 보여주면 아이들이 관심을 갖더라고요.

큰 공룡이요? 합성 기법을 적극 활용해요.

최근에는 더 적극적으로 촬영을 해요. 크로마키Chroma-key 합성을 이용하면 화면에 공룡이 나오게 할 수 있어요. 공룡이 나오는 스토리를 만든 다음, 공룡이 없는 상태에서 촬영을 하고 나중에 합성하는 거예요. 공룡이 실제로는 없지만 있다고 생각하고 연기를 하는 게 중요해요.

초반에는 아이들한테 설명을 많이 했는데 지금은 그냥 '여기 공룡이 있다고 생각하면 돼' 이렇게 말하면 '아 그래, 아빠 여기야? 여기야?' 하면서 진짜 공룡이 있는 것처럼 연기를 잘해요.

공룡 모형이 등장하기도 해요. 시중에 파는 공룡 코스튬이에요. 애들 삼촌이 뒤집어쓰고 뛰는 거예요. 그게 공기가 안 통해서 땀이 많이 나고 고생이 많았어요. 비닐 재질인데 바람을 계속 넣어줘야 모양이 유지되거든요.

2,600만 조회한 영상은 저도 이유를 모르겠어요.

제이제이 튜브를 세상에 알린 '또봇 미끄럼틀 놀이[6]'라는 영상이 있어요. 서준이가 미끄럼틀에서 장난감 자동차를 가지고 노는 장면이에요. 이 영상이 왜 인기가 있었는지 지금도 연구를 해요. 2,600만 조회라니 저도 놀라워요.

몇 가지 포인트가 있긴 해요. 우선 중간에 영상이 뒤로 감겨요. 아이들 입장에서는 뒤로 감겼다고 생각하는 게 아니라 밑에서 올라온다고 생각을 하는 것 같아요. 장난감이 미끄럼틀 아래 있다가 '슉' 올라온다고 생각하는 거죠.

또 장난감 자동차를 미끄럼틀 아래로 내려보내는데, 밑에 내려가면서 우당탕탕 하는 장면이 나와요. 이런 것도 약간의 포인트가 아니었을까 생각해요. 아이들이 평소에 못하는 걸 해준다는 대리만족인 거죠.

확실한 이유는 지금도 몰라요. 아이들한테 물어볼 수도 없잖아요. 그 영상을 주로 보는 아이들은 말을 잘 못하는 어린아이가 많아요. 그래서 항상 연구 대상이에요. 어른의 시각과는 완전히 다른 뭔가가 있는 것 같아요.

이럴 때도 있어요. 어느 날 제가 만든 영상이 너무 재미있는 거예요. '이건 대박 날 것 같아' 이런 생각이 들어요. 그런데 막상 영상을 올리면 조회 수가 잘 안 나와요. 오히려 무심결에 편안하게 만든 영상이 조회 수가 잘

6) 이 영상은 2년간 누적 조회 수 2,640만 회를 기록했다.

나올 때가 꽤 많아요.

대박 영상은 운이 필요해요.

조회 수가 높은 영상과 낮은 영상은 사전에 종잡을 수가 없어요. 대박은 약간의 운도 필요한 것 같아요.

기본적인 조회 수가 나오는 영상은 어느 정도 만들 수 있을 것 같아요. 50만 조회 수 정도는 기획을 해서 잘 만들면 가능할 것 같아요. 하지만 1,000만 영상은 운이 좀 있어야 해요.

대박에 대한 마음을 많이 접었어요. 처음에는 열심히 했는데도 반응이 없으면 속상하고 그랬는데 그게 저의 노력만으로 안 되는 걸 아니까요.

그래도 노력은 해요. 세심하게 찍으려고 노력하는 편이에요. 예를 들어 어떤 한 상황을 여러 방향에서 찍어요. 그래야 보는 사람이 더 재미있어요. 사람들은 자극에 쉽게 무뎌지니까 뭔가 자꾸 변해야 하거든요. 한 장면에서 3초 이상 머물러 있으면 지루하게 느끼는 거죠. 화면, 노래, 효과에 계속 변화를 주려고 해요.

키즈 콘텐츠는 '대리만족'이라고 생각해요.

유튜브에서 장난감만 나오는 영상을 이제는 많이 보지 않아요. 아이들 눈도 높아져서 어려워진 거죠. 대신 대리만족하는 영상을 많이 봐요.

어른도 예능이나 드라마에서 자기가 못한 것들을 대리만족하는 부분이 있어서 본다고 생각해요. 멋진 남자 여자를 만나거나 부자가 되거나 대신 먹어주거나 하는 거죠.

저도 아이들에게 엄마, 아빠를 대신해주는 거라고 생각하고 상상력을 가미해요. '이 영상을 보면 엄마, 아빠가 대신 놀아주는 것 같은 느낌이 들어서 좋아요'라는 댓글을 봤어요. 이런 경우처럼 부모님들이 충족해주지 못하는 걸 대신해주려고 해요

키즈 콘텐츠를 계속 만들려면 아이들을 잘 알아야 할 텐데 아이들을 이해하는 노하우가 있나요.

아이들을 이해하려고 관찰을 많이 해요.

아이들을 많이 관찰해요. 아이들과 놀면서 그걸 왜 하는지, 왜 좋아하는지 물어보고 계속 생각을 해요. 지우나 서준이뿐 아니라 만나는 아이 모두에게 그래요.

그래도 아직 멀었다는 생각이 들어요. 아이들을 이해하는 건 어려운 것 같아요. 그래서 일부러 어린이처럼 행동을 해보려고 해요. 아이들이랑 놀 때는 제가 일곱 살이라고 생각하고 놀아요. 아이들은 정말 상상력이 풍부한 것 같아요. 어른들은 고정관념이 있지만 아이들은 하나를 가지고 백만

가지 생각을 할 가능성이 있는 것 같아요. 그래서 예상하지 못한 방향으로 스토리를 이끌어 가더라고요. 갑자기 시간 여행을 한다거나 장소를 이동한다거나 장난감이 살아난다거나, 내가 장난감의 세계로 들어간다거나 그래요.

영상에 대한 아이디어는 어떻게 얻나요.
제작 준비는 어떻게 하는지 궁금합니다.

깨어있는 모든 순간에 영상을 생각해요.

어떤 영상을 보면 '카메라 위치가 어떻게 되지?' '어떤 기법이지?' '조명은, 무대 세팅은, 장비는?' 이런 생각들을 해요. 영화제를 보면 의상상, 미술상, 촬영상 이런 거 많잖아요. 왜 그렇게 상이 많은지 이제는 조금씩 이해가 돼요. 저도 영상 찍을 때 기획하고 소품과 조명을 준비하거든요.

영상 콘텐츠를 보는 눈이 예전과는 달라졌어요. 어떤 스타일로 자막을 달아야 하나, 어떤 트렌드로 편집해야 하나 항상 생각해요. 정해진 시간에 공부하는 게 아니라 깨어있는 순간 항상 콘텐츠 생각을 해요.

기획안과 대본을 미리 써요.

예전에는 대본 없이 했어요. 제 머릿속에만 있었죠. 근데 이렇게 하다 보니까 연기하는 아이들이나 도와주는 집사람이 제가 의도한 방향을 이해하는 게 쉽지 않다는 걸 깨달았어요.

기획안을 만들어 공유하고 대사도 함께 만드니까 부담이 줄고 촬영도 빨리 진행되더라고요. 요즘은 기획안을 구체적으로 쓰는 편이에요.

근데 막상 해보면 즉흥적으로 나오는 대사가 더 많긴 해요. (웃음)

섬네일을 잘 만드는 게 중요해요.

제일 중요한 건 섬네일이에요. 아이들은 섬네일만 보고 누르거든요. 스토리나 상황이 한눈에 보이도록 만들어야 해요. 섬네일 만드는 데 두 시간 정도 걸려요.

요즘은 아예 영상 기획 단계에서 섬네일을 만들어요. 섬네일만 생각하면 거기 맞춰 스토리가 나오기도 해요. 기획하면서 머리에 들어오는 섬네일이 없으면 스토리가 잘 안 나와요. 왜냐면 섬네일이 별로면 영상이 아무리 좋아도 안 보거든요.

적지 않은 나이에 전업 유튜버가 됐는데 힘든 점은 없었나요.

혼자 일하니 우울증이 왔어요... 대화로 극복했죠.

채널 성장은 크게 문제가 없었어요. 그보다 혼자 일하는 게 힘들었어요. 유튜브를 전업으로 하려고 직장을 그만두고 집에서 주로 작업을 했거든요.

제가 성격상 말을 많이 하고 사람들과 어울리는 걸 좋아하는데 집에만 있다 보니 우울증 같은 게 오더라고요. 말을 안 하게 되니까 정신적으로 힘들었어요. 새로운 콘텐츠 아이디어를 짜내야 하는데 그것도 막힐 때가 많았죠.

유튜버 일을 이해해주는 사람이 주변에 많지 않아요. 좀 특수한 일이잖아요. 촬영 초기부터 알게 된 유튜버 분들이랑 자주 만나 고민을 털어놓았어요. 다들 비슷한 고민을 하더라고요. 그러면서 좀 풀렸어요. 소속사 담당자분이랑 이야기하면서 풀기도 하고요. 매니저분이 되게 적극적으로 자기 일처럼 많이 도와주셨어요. 이런 과정을 거쳐서 요즘은 즐겁게 하고 있어요. 제가 좀 긍정적이라서 즐거운 것만 남기고 잊어버려요.

키즈 콘텐츠는 함께하는 아이들의 역할도 중요한데 아이들이 촬영을 힘들어하지는 않나요.

카메라 앞에서 너무 잘 놀아준 아이들 덕분에 힘 얻었죠.

지우가 말도 잘하고 생각보다 카메라 앞에서 잘 놀았어요. 유튜브를 해야겠다고 생각한 데에는 지우가 잘해준 부분도 크게 작용했어요. 아마 촬영한다는 건 알았겠지만 유튜브에 올린다는 건 몰랐을 거예요. 대본도 없고 생생한 모습이었어요. 저는 옛날 영상 가끔 보면서 집사람이랑 뭉클할 때가 있어요. 그때 모습이 그대로 담겨있거든요.

영상 촬영은 아빠와 노는 시간이에요.

주변에 키즈 콘텐츠 만드는 분들 보면 아이들이 촬영을 싫어하는 시기가 한 번씩 오더라고요. 다행히 저희 아이들은 영상 찍으면서 싫다고 한 적은 없어요.

서준이가 이제 여덟 살인데요. 동물원이나 키즈카페 가서 하고 싶은 거 하며 놀게 해준 다음 촬영을 해요. 그러면 협조를 잘해줘요. 예전에 비해 콘텐츠가 줄어들면 걱정을 해줄 정도예요. '아빠 오늘은 안 찍어?' 이렇게요.

지우는 요즘 슬라임에 관심이 많아요. 지우가 저랑 슬라임을 만질 때 엄청 행복해하더라고요. 그 영상을 보니까 지우가 너무 행복해해서 좋았어요. 아빠와 함께 즐겁게 노는 시간으로 생각하는 것 같아요.

채널이 큰 인기를 끄는 만큼 아이들을 알아보는 사람도 많을 텐데 혹시 힘들지는 않나요.

아이들 얼굴이 알려져서 크게 불편하지는 않아요.

다행히 알아보는 사람들이 많지는 않아요. 사람들 많은 곳 가면 알아보는 사람들이 있기는 해요. '나 너 누군지 알아' 이렇게요. 아니면 엄마랑 와서 사진 찍고 가거나 해요. 아이들이 좀 부끄러워하긴 해요. 그럴 때면 '우리 채널을 재미있게 봐주는 분들이니까 감사하게 생각하자'라고 이야기해요. 그분들에게 추억이 될 수도 있으니까요.

아이들이 성장함에 따라 콘텐츠 성격이 달라질 수밖에 없을 것 같은데 제이제이 튜브는 어떤가요.

키즈 채널에 아이들만 나온다는 고정관념을 깨야죠.

지우가 성장기가 오면서 장난감에서 조금 멀어졌어요. 그래서 새로운 채널을 생각하고 있어요. 조금 더 나이가 많은 아이들이 볼 수 있는 채널이에요. 지우가 연기하는 걸 즐거워하기 때문에 장난감 보다는 다양한 상황극을 많이 하려고 해요.

키즈 채널에 유아만 나와야 한다는 고정관념을 버려야 한다고 봐요. 외국에는 키즈 채널에 어른만 나오기도 하거든요. 아이들에게 즐거움을 주기 위해 열린 생각으로 다양한 시도를 하려고 해요.

기존 직업을 포기하고 새로운 도전을 해 성공했습니다. 1인 크리에이터 시장의 미래를 어떻게 보고 계시나요.

1인 미디어 인기, 아직 시작도 안 했어요.

1인 미디어 인기는 아직 시작도 안 했다고 봐요. 1인 미디어가 기존 미디어에 비해 가진 장점이 뚜렷해요. 1인 미디어는 나이나 지역, 성별, 취향 등 맞춤형 방송이 가능하지만 기존 미디어는 이걸 할 수 없어요.

기존 미디어는 자본이 많이 들어가니까 시청층도 넓어야 하고 제작 시간도 많이 걸려요. 반면 1인 미디어는 하루에 한 편씩 올릴 수도 있어요. 트렌드를 훨씬 빨리 반영할 수 있어요. 많은 사람들이 1인 크리에이터 시장에 참여하면 콘텐츠도 더 다양해질 거라고 봐요.

유튜브 방송을 시작하고 어떤 점이 가장 많이 변했나요.

아이들과 보내는 시간이 많아 좋아요.

처음 유튜브를 시작할 때 주변에서는 모두 이해를 못 했어요. '이게 돈이 돼?' 이런 반응이었어요. 하지만 지금은 다 아는 것 같아요. 유튜브를 하면 경제적으로 도움이 된다는 게 뉴스에도 자주 나오니까요. 전업 초반인데도 학원 수입보다 많이 버니까 주위에서 믿어줬고, 저도 전념하게 됐어요.

가장 큰 변화는 아이들과 많은 시간을 보내게 된 거예요. 아이들은 아빠가 집에 있는 사람으로 알아요. 부모님도 응원을 많이 해주시고 있어요. 손자 손녀가 방송에 나온다고요.

아이들이 예전에는 엄마랑 잔다고 했는데 이제는 아빠랑 자고 싶다고도 해요. 여러모로 뿌듯해요. '내가 잘하고 있구나' 싶어요.

제이제이 튜브의 향후 계획이 궁금합니다.

밝고 긍정적인 영상을 만들려고 해요.

영상 작업이 저희 아이들한테 긍정적인 영향을 미쳤으면 좋겠어요. 그래서 영상을 촬영하는 동시에 다양한 경험도 할 수 있게 하려고 해요.

저희 영상을 보는 아이들에게도 좋은 영향을 미칠 수 있는 콘텐츠를 만들려고 해요. 부모님들도 안심을 하고 아이들에게 채널을 보여줄 수 있도록 하는 게 가장 큰 목표예요. 물론 아이들의 상상력을 자극할 수 있는 재미있는 콘텐츠도 만들어야죠.

12

백수골방

이름 김시우
나이 1989년생
구독자 수 약 32만 명
누적 조회 수 약 6,400만 회
소속사 샌드박스네트워크
방송 주제 영화

구독자 수·누적 조회 수 2019년 4월 기준

백수골방은 32만 구독자를 돌파한 영화 비평 전문 유튜버다. 전문적 영화 지식과 철학적 사색을 전달하면서도 대중의 눈높이를 적절히 맞추는 독특한 리뷰 방식을 확립했다. 중저음의 힘 있는 목소리가 매력 포인트이기도 하다. 가정 형편이 어렵던 어린 시절 한 시간 떨어진 학교를 걸어 다니며 모은 버스비로 비디오를 빌려다 보던 백수골방은 방송국 PD 시험에 낙방한 것이 오히려 인생 전환점이 됐다. 잠시 다니던 회사를 그만두고 전업으로 유튜브 채널을 운영하면서 방송국에 도전할 때보다 더욱 큰 열정을 불태우고 있다. 그의 영화 리뷰를 보고 응원을 보내주는 구독자들은 무엇보다 큰 힘을 준다. 훗날 문화제작자를 꿈꾸는 백수골방은 대중성과 전문성의 접점을 찾아야 영화 비평가로 성공할 수 있다고 강조했다.

회사 그만두고 인생을 얻었다… 행복한 영화 비평가 '백수골방'

영화 리뷰 유튜버 백수골방에 대해 소개해 주세요.

방송국 PD 시험 낙방하고 취미로 유튜브 활동 시작했어요.

대학에서 신문방송학을 전공하고 방송국 PD가 되고 싶어서 언론 고시를 준비했는데 시험 한번 쳐보고 가망이 없다는 생각이 들었어요. 그래서 다른 일반 회사 공부하는 기간에 취미로 영상 활동을 시작했죠. 돈을 벌기 위해서가 아니라 그냥 공감을 얻고 싶어서 우연찮게 시작했어요. 지금은 언론 고시 실패했던 게 오히려 다행이라고 생각해요. 방송국에서 일하는 것과 지금 일하는 것을 비교해보면 지금이 더 저와 맞을 것 같아요.

버스비 아껴서 비디오 빌려 보던 '시네 키즈'였죠.

중학교 1학년 때부터 비디오 대여점에 많이 갔어요. 그때 버스비가 650원 정도였는데 버스를 타지 않고 학교까지 5km를 매일 걸어 다녔어요. 왕복이면 1,300원이니까 비디오를 빌려 볼 수 있었어요. 오래된 건 오백 원, 신작은 천 원이면 빌릴 수 있었어요. 집에 오는 길에 비디오를 빌려와서 영화를 보고 그랬던 기억이 나요.

영화는 꾸준히 봐요. 대학 때 하루 세 편씩 일주일 내내 보기도 했고, 지금도 주말 하루 네 편을 몰아보기도 해요.

시골에서 영화는 최고의 문화 상품이죠.

시골에서 자라 문화를 접할 기회가 영화 말고는 거의 없었어요. 또 내가 처해있는 상황보다 더 멋진 세계가 있다는 걸 증명해주는 매체가 영화밖에 없었던 것 같아요.

영화에서는 인간적으로 잘 살면 삶이 더 나아진다는 걸 계속 보여주니까 그런 가치들에 끌렸던 것 같아요. 어쨌든 시골에서 누릴 수 있는 가장 훌륭하고 공평한 콘텐츠가 영화였죠.

취미로 유튜브를 시작했는데 현재는 전업 유튜버입니다. 계기가 있었나요.

한번 올린 영상에 좋은 반응이...그 매력에 여기까지 왔어요.

PD 시험을 봤는데 경쟁이 너무 심해 뚫을 자신이 없었어요. 빨리 포기했죠. 일반 기업에 취직해 일하면서 유튜브 영상 제작도 겸했는데 도저히 체력과 시간이 안 될 것 같더라고요.

반년쯤 회사를 다녔는데 그때 유튜브 수입이 월 백만 원 남짓 나왔어요. '이 정도면 내가 생활은 할 것 같다'라고 생각하고 회사를 그만두고 전업을 시작했죠.

저는 신문방송학을 전공했고 다큐멘터리를 만들고 싶었던 사람이에요. 처음에는 유튜브를 중요하게 생각하지 않았어요. '나랑 완전히 안 맞아' 이렇게 생각했어요. '유튜브는 어린 친구들이 보는 플랫폼'이라는 고정관념이 강했어요.

그러던 어느 날 유튜브 영화 리뷰를 보고 '나도 해볼 수 있겠다'라는 도전의식이 생겼어요. 그래서 한 편을 만들어 올렸는데 의외로 반응이 좋은 거예요. 그 반응이 재미있어서 여기까지 오게 됐어요.

유튜브는 누구에게나 기회를 주잖아요.

내 영상을 유튜브에 올리면 누군가는 봐주지 않을까 싶었어요. 방송국에 들어가면 영상을 잘 만들 수 있을 것 같았는데 그 기회를 못 받았다는 생각이 내심 있었어요. 그런데 유튜브는 누구에게나 기회를 주잖아요. '아, 그러면 내가 한번 해보자' 이런 생각을 했던 것 같아요.

방송국 PD를 꿈꾸다 전업 유튜버가 됐는데 유튜브만의 장점은 뭔가요.

틀에 박힌 기존 방송에 회의감이 들었어요.

대학 때 친구들이랑 장편 다큐멘터리를 찍어본 적이 있어요. 그때 공부를 위해 방송사 다큐멘터리를 다 봤어요. 그걸 보면서 '시청료를 받고 제작할 만한 가치가 있는 프로그램인가' 하는 생각이 한편으로 들었어요. 너무 관성적으로 만든다는 느낌이었죠.

지금 자라나는 세대한테는 공감을 얻기 힘든 소재와 전개 방식이라는 생각이 들었어요. 방송 분량을 뽑아내야 하니까 재미가 없어도 인위적으로 만들어내는 부분이 있다고 느낀 거죠. 유튜브는 이런 요소가 적어 젊은 층이 더 좋아한다고 생각해요.

회사를 관두고 전업 유튜버가 됐는데 선택이 힘들지는 않았나요. 어떤 점이 달랐나요.

내려놓을 게 없으니 유튜브 선택이 편했어요.

처음에 유튜브 하는 걸 아무에게도 알리지 않았어요. 직장 상사에게 말하고 그만둔 게 전부죠. 직장에서는 '그게 돈이 되겠느냐'라고 진심 어린 걱정을 해주셨어요.

부모님은 '네가 좋아하는 거 해라, 그런데 직장은 다녀라' 이런 말씀을 하셨죠.

지금 생각해보면 저는 실패를 해봐서 유튜브를 시작하는 게 가능했던 것 같아요. '한 번 실패했으니까 이것도 실패하면 어때?' 이런 생각이 강했거든요. 내려놓을 게 없었던 거죠.

저축해놓은 돈을 1년 동안 다 까먹었죠.

전업하고 1년 동안 굉장히 힘들었어요. 전업 시작할 때 계산이 아주 단순했거든요. '부업으로 해도 월 백만 원 버니까 전업하면 두 배는 벌겠지' 싶었던 거죠.

근데 막상 제 맘대로 안 되더라고요. 영상 개수를 늘려도 한 달에 몇십만 원도 못 벌 때가 많았어요. 회사에서 벌었던 돈을 계속 까먹는 상황이 1년이나 계속됐죠.

지금 생각해보면 '중간 지점'을 찾는 시간이었던 것 같아요. '어떤 콘텐츠를 만들어야 내 취향에도 맞고 사람들도 좋아할까' 그 중간 지점을 찾는 게 힘들었어요.

영화 비평은 기성 미디어에서도 다루고 있고

유명 평론가도 많은데 백수골방이 중요하게 생각하는 포인트는 무엇인가요.

영화 비평은 전문성과 대중성의 균형이 중요해요.

저는 전문 비평에 익숙한 영화 소비자였어요. 일반 상업영화를 많이 안 봤어요. 영화를 고르는 저만의 기준이 있었어요. '내가 봤을 때 이 영화는 좋은 영화니까 진심으로 소개를 하면 많이 봐 주겠지'라고 막연하게 생각했던 것 같아요.

이런 콘텐츠를 의욕 넘치게 만들다 보니 대중과 괴리가 있었던 거 같아요. 한국에서는 비평가와 대중 사이에 '중간 지점'이 없더라고요. 그런 균형을 잡고 있는 매체나 채널이 없는 것 같아요. 작품성과 대중성을 동시에 갖기가 정말 어려워요. 영화 전문가들은 자기가 좋아하는 영화에 너무 매몰되다 보니까 균형을 못 잡을 때가 많은 것 같아요.

저는 유튜브를 통해 1년 동안 시련을 겪으면서 피부로 느꼈잖아요. 이제는 어디까지 이야기해야 사람들이 보고 '아, 재미있다'라고 느낄 것인지를 조금 알 것 같아요.

비평이 살아남으려면 대중적이어야 해요.

책을 보면 좋은 이야기들이 많은데 일반 사람들에게 전달이 안 될 때가 많은 것 같아요. 어려운 개념이 많고 처음 듣는 용어도 많으니까 읽기가 어렵죠. 그걸 쉽게 일상용어로 풀어드리면 많은 분들이 좋아하시는 것 같아요. 영화도 마찬가지예요. 비평이라는 분야가 살아남으려면 대중적이어야만 한다고 생각해요.

영화 해석을 분명히 하기 위해 대본을 A4 열 장 써요.

영화를 해석할 때 대본 초안을 A4 열 장 써요. 이걸 다시 최종본 5장 정도로 줄여요. 퇴고를 할 때 맞을까 안 맞을까 확실하지 않은 내용은 다 쳐내요. '이건 감독의 의도일 수밖에 없어' 이런 확신이 드는 것만 남기고 나머지는 다 빼요.

일주일 꼬박 준비해서 일주일에 한 편 올려요. 소재 생각하고 영화 보고 대본 쓰고 편집하고 이런 과정을 거쳐요. 콘텐츠 준비 기간이 최소 3일은 걸려요. 글 쓰는 데만 이틀 이상 걸리는 것 같아요. 정말 노력하면 일주일에 두 편 까진 가능한데 지속성 있게 하고 싶어서 한 편만 하고 있어요.

초기에는 책 등 참고문헌을 많이 보고 그걸 영상에 반영했는데, 지금은 참고만 하고 영상에는 잘 넣지 않아요. 오래된 영화는 논문을 가끔 보는 정도예요.

제가 영화를 잘 안다고 생각하지도 않고, 다만 시청자에게 단서를 제공한다고 생각해요.

영화를 고르는 자신만의 기준이 있나요.

제가 재미있게 본 영화를 골라요.

제가 재미있게 봤던 영화 중에서 골라요. 제가 재미있게 봤더라도 남들은 재미있지 않을 것 같은 영화는 빼고요. 거부감이 들 정도로 진입장벽이 높으면 빼는 편이에요. 우연히 유튜버를 시작했지만 이 일이 너무 좋기 때문에 어떻게든 오래 하고 싶어요.

영화 리뷰는 매력적인 목소리와 정확한 발음, 뛰어난 전달력이 중요합니다. 백수골방 님은 타고난 건가요.

목소리 콤플렉스가 많아서 고치려고 노력 많이 했어요.

제일 처음 올린 영상과 지금 영상 목소리가 달라요. 연습을 많이 했어요. 목소리가 잘 안 들려서 콤플렉스가 있었어요. 그런데 영상에서는 '차분해서 좋다'라고 해주시더라고요. 이런 말을 듣고 '어느 지점에서 내 목소리를 좋아하는 걸까' 이런 생각을 하면서 발음도 고치고 발성도 고치고 했어요.

백수골방은 영화 소개 그 자체보다 나름의 해석에 방점을 두고 있습니다. 남다른 관점으로 설득력 있게 영화를 해석하는 노하우가 있나요.

일상을 돌아보는 계기가 된 영화 리뷰가 있어요.

'최악의 하루'라는 영화를 리뷰했어요. 그런데 영상 제목을 '나도 내 마음을 모르겠을 때 보면 좋은 영화'로 붙였어요. 제목을 이렇게 하니까 영화를 안 본 분들도 들어와서 영상을 보시더라고요. 그리고 영화가 어떤 주제를 다루고 있고 어떤 삶의 고민을 담고 있는지 설명을 하니까 생각보다 편안하게 받아들이셨어요.

예전에는 영화를 해석해드렸는데 이 영상을 계기로 '이제 영화를 통해서 우리 삶을 돌아보자' 이런 느낌으로 선회를 하게 됐어요. 그러니까 오히려 제 영상에 많이 참여를 하고 좋아하시더군요.

고전 철학, 사회학 책에서 영화를 배워요.

영화 자체는 잘 몰라요. 그보다는 예전에 보던 고전 철학 책이나 사회학 책을 다시 꺼내 읽고 있어요. 결국 영화 연출가들도 그런 걸 읽고 영화에 반영하기 때문에 이런 책을 읽는 게 오히려 영화 공부에 도움이 돼요.

영화적 요소는 영화를 자주 보다 보면 눈에 띄는 것 같아요. 이런 쪽으로도 공부를 많이 하면 좋겠지만 지금은 고전 서적에 더 흥미가 가요.

존 스튜어트 밀의 '자유론'이 사고 확장에 도움을 많이 줬어요. 최근에는 한나 아렌트의 '인간의 조건'이라는 책을 재미있게 읽었어요. 일본 영화감독 고레에다 히로카즈의 '영화를 찍으며 생각한 것'이라는 책도 재미있게 읽었어요. 진중권의 '미학 오디세이'도 좋아하는 책이에요.

개인적으로 지금의 생활이 좋아요. 공부하기 위해 읽은 책이 직업으로도 연결이 되니까 선순환이 되는 것 같아요.

철학과 일상생활은 멀리 떨어져 있지 않아요.

사람들은 철학이 근본적인 질문을 다루기 때문에 실생활과는 거리가 멀다고 생각해요. 그러나 철학이 주는 깨달음을 조금만 생각해보면 일상생활에 적용할 수 있는 것들이 많아요.

사람들이 하는 고민은 대부분 일상생활에 관한 것이죠. 요즘 유행하는 힐링, 욜로, 소확행, 워라밸, 돈, 인간관계 등이 모두 일상생활에서 생기는 고민이에요. 전통 철학에서는 잘 이야기하지 않던 주제죠. 하지만 사람들이 고민하는 건 이런 것들이에요.

그래서 철학의 입을 빌려 이런 주제에 대한 메시지를 전달하면 '힘이 된다'라는 말씀을 많이 하시는 것 같아요. 철학을 어렵다고만 생각했는데 일상생활에 대해 이야기하니까 직관적으로 이해가 되는 거죠.

예를 들어 '인간관계에서 어떻게 행동하는 게 나에게 솔직한 것인가'라는 주제를 영화와 철학을 매개로 이야기를 하는 거예요. 그런 점에서 제 영상이 영화 리뷰이기도 하지만 에세이, 일기라고도 생각해요.

자극적인 내용을 배제하고 생각할 거리를 던진다는 점에서 구독자가 폭발적으로 증가하기는 어려울 것 같은데 어떤가요.

참여도 높은 구독자가 많다는 게 자랑스러워요.

구독자가 폭발적으로 늘지는 않아요. 개인적으로 자랑스럽게 생각하는 건 참여도가 높다는 거예요. 타 채널에 비해 댓글 숫자가 많지는 않지만 진정성 있는 댓글은 훨씬 더 많다고 생각해요.

영화 '최악의 하루'를 보면 친구 관계에서 내 의도와 달리 사람들이 나를 오해하는 것에 대한 고민이 나와요.

제가 이걸 풀어서 설명하는 영상을 보고 '인간관계에서 솔직한 것과 예의를 차리는 것 사이에서 고민을 많이 했는데 이 영상을 보면서 접점을 찾을 수 있게 됐다'라는 내용의 댓글을 많이 달아주셨어요. 댓글에서 토론도 많이 하고요. 이런 부분이 자랑스러워요.

대중성을 키우기 위해 더 쉽게 가지는 않으려고요.

제가 생각하는 대중성의 마지노선이 딱 여기까지예요. 더 깊이 하거나 더 가볍게 하는 것도 가능하겠지만 제가 생각하는 균형점이 지금인 것 같아요. 채널 수익도 더 많이 벌면 좋지만 제가 정한 선을 넘으면서까지 채널을 키우지는 않으려고 해요.

제가 유튜브를 4년 운영하면서 매년 새로운 목표를 세웠는데 올해는 콘텐츠 다각화를 하고 싶어요. 보통 한 번에 영화 한 편만 다뤘는데 이제 TV 애니메이션, 드라마 등 시리즈물을 좀 다루려고 해요. 영화 한 편은 120분이지만 시리즈물은 600분이 넘기도 하니까 다 보는 데만도 시간이 많이 걸리긴 해요. 시리즈를 관통하는 메시지가 무엇인가 이런 걸 이야기하고 싶어요.

오프라인에서 구독자와 만나는 행사도 꾸준히 하고 있습니다. 방송을 하면서 오프라인 행사를 진행하는 게 쉽지 않을 것 같습니다.

시청자와 첫 만남은 장난처럼 시작됐어요.

처음에는 심각하게 시작한 게 아니었어요. '영화 포스터 나눠드릴 테니 홍대 놀이터로 몇 시까지 오세요'라고 SNS에 올렸더니 생각보다 많은 분들이 오셨어요. 그냥 사진 찍고 포스터 나눠드리고 인사하고 헤어졌어요.

그런데 2017년 '너의 이름은'이라는 영화 행사를 오프라인에서 하려고 극장을 빌렸는데 130석이 매진이 됐어요. 그때 극장 관계자분들이 관심을 가지고 제 유튜브 채널에 들어가 보셨나 봐요. 그게 인연이 돼서 '신촌 골방톡'이라는 프로그램을 1년간 했어요. 신촌 한 극장에서 매달 한 번씩 했죠.

제 말의 가치를 인정해주는 분들이 있다는 걸 알았어요.

신촌 골방톡은 제가 영화 소개하고 같이 보고, 30분 정도 질의응답하는 순서로 진행했어요. 100분 정도 오셨고 많을 때는 230석이 매진될 때도 있었어요. 연령대는 주로 20대 초중반이 많았는데, 제 어머니뻘 아주머니가 오셔서 질문을 하신 게 기억에 남아요. 인생 선배가 오셔서 저한테 질문을 해주시니까 놀랐죠.

나의 길과 말의 가치를 이만큼 인정해주는 분들이 있다는 걸 현장에서 느끼는 기회였어요. 사진도 찍고 편지나 선물을 받고 그랬어요. '사람들이 나를 왜 이렇게 좋아해 주시지?' 이런 생각이 들면서 신기했어요.

앞으로도 오프라인 행사를 계속할 생각이에요. 채널이 어느 정도 규모가 커지고 이름이 알려지다 보니 협업 기회가 많아졌어요. 팬과 소통할 수 있는 자리를 자주 마련할 생각이에요.

백수골방이 생각하는 유튜브의 미래는 어떤가요. 앞으로의 트렌드를 어떻게 전망하세요?

아직은 유튜브를 대체할 만한 플랫폼이 보이지 않아요.

다른 크리에이터랑 협업도 하고 라디오 공개방송 같은 영상도 만들어 보고 싶어요. 하지만 영상은 전부 유튜브에 올릴 것 같아요. 아직 더 매력적인 플랫폼은 안 보이는 것 같아요.

아이돌처럼 기획사 통한 유튜버가 등장할 것 같아요.

처음부터 채널 색깔과 방향성을 명확하게 하고 영상도 완성도 있게 만들어야 시장 진입이 가능할 것 같아요.

이제는 유튜버도 아이돌처럼 기획을 통해 만들어지는 시대가 된 것 같아요. 대형 기획사가 기획형 유튜버를 만들어 채널을 운영할 것 같아요. 실제로 그런 움직임이 나오고 있어요. 1 인 크리에이터 영역이 더 확장될 거예요. 젊은 친구들은 TV를 안 보잖아요. 이런 현상은 갈수록 심해질 수밖에 없다고 생각해요.

유튜브 채널은 하나의 인격이 되어야 해요.

유튜브 채널을 운영하면서 자신을 드러내는 일이 꼭 필요하다고 봐요. 1인 가정이 많아지는 것과 맞닿아 있는 문제예요.

1인 방송 영상을 보면 별풍선이나 후원을 하잖아요. 남들은 '왜 저런 영상을 볼까'라고 해도 그 사람한테는 중요한 의미가 있는 거예요. 이런 점에서 보면 시청자에게 크리에이터는 더 이상 남이 아니라고 생각해요. 나의 일상을 공유하는 존재, 나를 재미있게 해주는 존재, 지겹지 않게 해주는 친구 같은 존재인 거죠.

이런 존재가 필요한 이유가 결국에는 혼자 적적할 때 유튜브에 들어가는 사람이 많기 때문이라고 봐요. 이런 시청자들과 호흡하려면 결국 일상을 공유하는 부분이 있어야 해요. 기존 TV에서는 절대 안 되는 부분이죠. 앞으로는 유튜브 채널이 하나의 인격이 되어야 한다고 생각해요.

1인 크리에이터이자 영향력 있는 영화 비평가로 앞으로의 활동 계획이 궁금합니다.

제 '문화 취향'을 보여드리고 싶어요.

영화 리뷰 외에 짧은 다큐멘터리를 찍어서 유튜브 채널에 올리고 있어요. 취미생활인데요, 그 채널로 수익을 낼 생각은 없어요.

유튜버 생활을 3년 넘게 하다 보니 개인적으로 매너리즘이 올 때도 있어요. 영상 제작 자체에 흥미를 잃지 않아야 된다고 생각해요. 예전에 친구들과 영상 찍던 느낌을 살려 찍어보고 있어요.

휴대폰으로 날것 그대로 찍어서 올린 다음 반응을 살피는 재미도 있어요. 저 자체를 좋아해 주는 분들께 저라는 사람을 알리고 싶은 마음도 있어요. '문화 취향'이라는 걸 이 채널에서 보여드리고 싶어요. 이 채널을 통해 실사 콘텐츠에 대한 갈증도 조금씩 풀어나갈 생각이에요.

문화적 갈증을 풀어주는 창구 역할을 하고 싶어요.

한 달에 한 번, 적어도 두 달에 한 번 정도 라이브로 소통 방송을 하고 가능하면 오프라인 행사도 하려고 해요.

관객이 부담 없이 참여할 수 있는 영화 행사가 별로 없어요. 영화제나 시사회뿐이죠. 영화에 대해 편하게 이야기하고 같은 영화를 본다는 공감대를 형성할 수 있는 그런 공간이 별로 없어요.

댓글을 보면 '저도 영화를 좋아하는데 백수골방 님 같이 영화를 함께 이야기할 수 있는 친구가 없어요'라고 이야기하는 분들이 굉장히 많아요. 문화적 갈증을 느끼는 분들이 많은데 그런 부분을 풀어줄 곳이 별로 없는 거죠. 백수골방 채널이 그런 역할을 하고 싶어요.

저는 유튜브로 시작했지만 '문화제작자'로 계속 활동을 하고 싶어요. 영화평론가가 됐든, 작가가 됐든 그런 도전을 계속하기 위해서라도 구독자와 만나려고 해요.

삶 자체가 풍성해져 좋아요.

회사 다닐 때보다 많이 벌고 있고 해마다 수익이 늘고 있는 건 사실이에요. 심리적 만족도도 커요. 과거에는 일상의 내 모습과 조직 구성원으로서의 내 모습을 분리시켜야 했는데, 지금은 그럴 필요가 없어요. 삶 자체가 풍성해진다는 것이 좋아요. 나 자체로 살아가도 된다는 점, 꾸준히 나 자신에 대한 피드백을 주는 사람들이 있다는 것이 좋아요.

떵개떵

장삐쭈

급식왕

힘콩

YouTube

CHAPTER 4

유튜브로 인생 역전

삶의 위기에서
인생 역전한 핫한 유튜버들

13

떵개떵

형 개떵(왼쪽), 동생 떵개(오른쪽)

이름 개떵 : 이태균, 떵개 : 이민주
나이 이태균 1991년생, 이민주 1993년생
구독자 수 약 331만 명
누적 조회 수 약 15억 5,300만 회
소속사 샌드박스네트워크
방송 주제 먹방

구독자 수·누적 조회 수 2019년 4월 기준

떵개떵은 유튜브 방송에서도 경쟁이 가장 치열한 먹방 시장을 평정하다시피 한 무서운 형제다. 형 '개떵'과 동생 '떵개'가 운영하는 떵개떵 채널은 방송 시작 3년여 만에 구독자 330만 명을 돌파할 정도로 초고속 성장했다. 시골에서 나고 자라며 대식가 기질을 보였던 동생을 본 개떵이 "살림 거덜 나기 전에 먹방을 하자"라고 우스갯소리를 한 게 방송을 시작한 계기다. 일반인이 먹기 힘든 초대형 음식을 먹거나 시골에서 직접 요리를 해먹는 등 다양한 아이디어를 남보다 한발 앞서 적용한 게 인기 비결이다. 무엇보다 술도 마다하며 하루도 빠짐없이 먹방 영상을 올리는 '성실함'이 시청자들의 마음을 사로잡았다.

하루 알바 3개 뛰던 형제, 유튜브 먹방을 평정한 노하우

먹방 최강 유튜버 떵개떵을 소개해주세요. 어떤 계기로 유튜브를 시작한 건가요.

먹방으로 구독자 300만 명 돌파했죠.

먹방으로 구독자 300만 명을 돌파한 떵개떵 형제예요. 전남 화순 만수리에서 어렸을 때부터 자랐어요. 슈퍼마켓도 한 시간가량 걸어가야 하는 시골이에요. 버스도 잘 오지 않는 곳이죠. 혼자 가면 쓸쓸하기 때문에 심부름 다닐 때도 꼭 함께 다니곤 했어요.

주위에서 말렸지만 '두고 봐라'며 무작정 방송을 시작했어요.

개떵 2015년 초 아프리카TV에서 방송을 시작했어요. 저희가 그전부터 1인 방송을 많이 봤어요. 그러다 '우리도 방송하면 괜찮겠다'라는 생각을 했어요. 동생 떵개가 먹는 건 타고났거든요. (웃음) '엄청난 식비가 매일 나가는데 차라리 먹방을 해보자. 이러다 살림 거덜 나겠다.' 우스갯소리로 이런 말을 했어요. 제가 뭐든 바로 실천하는 걸 좋아해서 카메라랑 마이크를 사서 동생을 줬어요. 그리고 어떻게 방송을 만들지 같이 고민을 했어요.

떵개 아버지가 말렸어요. 1인 방송이 뭔지 잘 모르시니까요. 친척이나 주변 친구도 다 말렸어요. 당시에는 1인 방송이 잘 알려져 있지 않았거든요. 그래서 시선이 안 좋았어요. '두고 봐라'라고 생각을 하고 무작정 시작을 했어요. 최고의 자리까지는 아니겠지만 중간은 할 거라고 생각했어요.

대학 휴학하고 안 해본 일이 없어요.

개떵 집안 형편이 어렵다 보니 대학을 도중에 그만두고 일을 했어요. 택배 승하차, 주점 웨이터, 우유배달, 모텔 청소 등 안 해본 일이 없어요. 방송을 해도 돈을 벌지 못하고 오히려 쓰던 시절이었어요. 먹방을 하면 한 번에 10만 원씩 나가고 그랬거든요. 하루에 먹방을 두 개씩 찍었으니까 식비가 정말 많이 들었죠. 한 달에 400만 원에서 500만 원씩 나갔어요. 지금도 그 정도 나가요. 해외에서 식재료를 구하다 보니 더 나갈 때도 있고요. 먹방 하시는 분 들 중에 식비를 감당 못해 그만둔 분들도 있다고 해요.

떵개 일을 하느라 새벽 네다섯 시에 방송을 했어요.

일을 하면서 새벽에 방송을 했는데 힘든 점은 없었나요. 처음 가능성을 본 콘텐츠는 무엇이었나요.

일과 병행하니 방송이 잘 안되더군요.

개떵 처음에 아프리카TV 방송이 잘 됐어요. 근데 원래 하던 일이 있어서 방송에 집중하지 못하는 때가 많았어요. 그러다 보니 시청자가 점점 줄더군요. 5,000명이 보던 때도 있었는데 나중에는 100명 밑으로 시청자가 떨어졌어요. 그래서 방송은 안 하고 하던 일에 몰두했죠.

'지금까지 한 방송이 아깝지 않으냐. 다시 제대로 해보자' 이렇게 동생을 설득했어요. 그래서 제대로 해보기로 하고 편집자를 구해 유튜브에 방송을 올리기 시작했어요. 편집자분한테 수익을 많이 드리기로 하고 일을 시작했어요. 그래야 열심히 채널을 살려줄 거라고 생각했어요.

전국을 돌며 찍은 '도전먹방'으로 이름을 알렸어요.

개떵 저희가 뜬 계기를 마련해준 게 '도전먹방'이란 코너예요. 한정된 시간 안에 많은 음식을 먹는다거나 먹기 힘든 음식을 먹으러 전국을 돌아다니는 내용이었어요. 아프리카TV에서 라이브로 진행하고 이걸 편집해서 유튜브에 올렸어요.

떵개 구독자가 많지 않았지만 도전먹방을 하니까 좋아해 주시더라고요. 점보라면이나 태양 돈가스, 매운 짬뽕, 일본 스테이크 같은 음식을 타이머를 켜고 먹었어요. 이런 영상을 올리니까 구독자가 많이 늘었어요. 저희 이름을 알리는 데 큰 도움이 됐죠. 10kg짜리 빙수가 가장 기억에 남아요. 여름이었는데도 먹기가 힘들더라고요. 지금까지 성공한 사람이 없어 사장님이 많이 놀라셨어요. 도전먹방은 전국을 돌아다니느라 차비가 많이 나오니까 꼭 성공해야 한다는 의지가 강했어요.

'신기한 걸 먹으면 좋아하는구나' 저희도 감 잡는 계기였죠.

개떵 점보라면 먹고 나서 인기가 확 늘었어요. 유튜브 인기 순위에 올랐거든요. 그때 저희도 알았어요. '아, 유튜브가 이렇게 돌아가는구나' 저희도 감을 잡는 계기가 됐죠. 사람들의 기대 심리를 충족해줘야 해요. 우선 신기하잖아요. '이런 큰 음식이 있구나' 하고 놀라는 거죠. 그래서 동생에게 어울릴 만한 콘텐츠라고 생각했어요. 진짜 잘 먹으니까요.

떵개 시청자들이 신기한 걸 좋아한다는 걸 알고 연구를 많이 했어요. 외국에서 음식을 사 오기도 하고요. '팝핑 보바'도 그중 하나예요. 개구리 알처럼 톡톡 터지는 음식인데요. 이걸 찍으니까 다른 먹방 크리에이터 분들도 팝핑 보바로 방송을 하시더라고요. 라스굴라, 알로에, 벌집 꿀 등 여러 가지 특이한 음식을 먹었어요. 제가 먹으면 많이 팔리니까 판매자분들도 좋아하셨어요.

음식을 먹는 소리, 일명 '리얼 사운드'가 인기인데 어떻게 시작하게 된 거죠.

리얼 사운드는 사실 사투리를 극복하기 위한 고심의 결과예요.

땡개 리얼 사운드 자체를 저희가 먼저 시작한 건 아니고요. 다만 신기한 먹을거리에 리얼 사운드를 접목해서 성공시킨 게 저희라고 생각해요. 초반에 사투리가 심해 어려움을 겪었거든요. 그래서 리얼 사운드를 접목했어요. 저는 처음에 발음 때문에 안티가 있었어요. 하지만 이제는 제 발음 때문에 좋아해 주시는 분들도 있어요. 제 성대모사를 하는 분들도 있더라고요.

개떵 처음에는 사투리 때문에 마음고생이 있었어요. 그래서 말투를 좀 바꿨어요.

매번 새로운 음식, 특이한 음식을 찾는 게 쉽지 않을 것 같습니다. 음식 정보는 어떻게 얻고 있나요.

떵개떵 중 동생 '떵개'

음식 아이디어 구하려고 하루 5~6 시간씩 검색했어요.

개떵 해외 사이트, 국내 사이트 가리지 않고 무조건 검색했어요. 검색해서 찾아낸 음식을 한꺼번에 많이 구매했죠. 예를 들어 구두 초콜릿, 맥주병 초콜릿 같은 거요. 근데 해외에서 사다 보니 사진과 다를 때가 많았어요. 크기가 생각보다 너무 작아서 버릴 때도 있었어요.

떵개 저는 국내 사이트를 많이 뒤져요. '직구'라는 키워드를 넣고 어떤 음식을 주문하는지 봐요. 스마트폰으로 하루에 대여섯 시간 검색해요. 괜찮다 싶으면 장바구니에 넣고 모아서 주문을 하죠. 많이 모으면 뿌듯해요. 직업 정신이 느껴지거든요. 시청자분들이 좋아할 거라고 생각하면 기분이 좋아요. 보석 같은 알갱이 몇 개에 5만 원, 7만 원씩 하는 것도 있어요.

단순히 많이, 새로운 음식을 먹는 게 끝이 아니라 음식을 준비하고 먹는 과정도 특별합니다. 방송 콘셉트는 어떻게 잡나요.

시골과 찰떡궁합 '하루대끼'가 인기 코너로 자리 잡았어요.

개떵 시골에서 진행하는 '하루대끼'를 좋아해 주는 분들이 많아요. '삼시세끼' 같은 TV 프로그램이 인기를 끌어서 저희도 잘 된 것 같아요. 영상 배경은 저희가 살던 시골집이에요. 멤버를 고민하다가 친한 동네 동생들을 모아서 함께 찍고 있어요.

떵개 형이 아이디어를 잘 짜요. 리얼 사운드, 하루대끼도 다 형 머리에서 나왔어요. 형이 어릴 때부터 머리가 좋았어요. 철이 빨리 든 거라고 생각해요.

최대한 시골 느낌 살려 진행해요…요리도 하다 보니 되더라고요.

개떵 최대한 시골 느낌을 내고 싶어서 아궁이, 가마솥 같은 소품을 찾으러 시장을 뒤졌어요. 장작도 준비했고요. 이때부터 아버지도 출연을 하셨어요. 처음에 반대하던 아버지가 이때는 많이 밀어주셨어요. 16년을 탄 아버지 차가 불이 난 적이 있어요. 그래서 저희가 아직 많이 벌지 못할 때인데 차를 사드렸어요. 낚시 좋아하시는 아버지가 혹시 사고가 날까 걱정이 돼서 할부로 사드린 거예요. 그 이후로 저희를 많이 도와주고 믿어주셨어요.

음식 선택을 신중하게 했어요. '대끼'라는 단어가 들어가기 때문에 시청자도 기대를 하시거든요. 처음 한 게 라면이었어요. 가마솥에 라면 20개를 끓여 먹었어요. 아궁이에 불을 때서 끓인 데다 한 번에 스무 개를 끓인다고 하니 궁금해하시는 것 같더라고요. 반응이 좋았어요. '어떻게 저걸 다 먹나' '과정도 재밌다' 이런 반응이 많았어요. 잘 되니까 바짝 밀어붙였어요. '통삼겹 김치찜' 같은 걸로 하루대끼를 계속 찍었어요. 이 방송을 하고 20~30대 구독자가 많이 늘었어요. 시골에 대한 좋은 기억이 있는 분들이 저희 방송을 좋아해 주셨어요.

떵개 '고향 생각난다'라고 하는 분들이 많았어요. 그전까지 저희는 요리라고는 해본 적이 없는 사람들인데, 하다 보니 되더라고요.

구독자 300만 명을 돌파했습니다.
처음 유튜브를 시작할 때 이런 숫자를 예상했었나요.

300만 돌파 실감 안 나요… 큰 기대를 저버리고 싶지 않아요.

개떵 300만 구독자를 가진 분이 많지 않다 보니 저희도 실감이 잘 안 나요. 예전 생각이 많이 났어요. 100만, 200만 돌파할 때랑 그전에 몇 만도 안 될 때가 다 생각났어요. 정말 기분이 좋고 300만에 걸맞은 좋은 영상을 많이 만들어야겠다는 생각을 해요.

옛날에 아프리카TV 시절 김밥천국 실시간 먹방을 했는데 시청자가 0명이었어요. 근데 시청자가 있는 것처럼 해야 하니까 연기를 하고 그랬어요. 시청자가 보고 있는 것처럼 대화를 했어요. 아무도 안 보는데 식비는 6만 원이 나갔죠. 이런 시절이 생각나기도 해요.

떵개 너무 신기했어요. 주위에서도 '말이 안 된다'면서 놀라더라고요. 300만이 되니 사람들에게 더 잘해야겠다는 생각이 들었어요. 저희한테 기대를 많이 하니까 부담이 되기도 하지만, 그 기대를 저버리고 싶지 않아요.

예전에 구독자가 적을 때는 식비가 너무 많이 나가니까 적자가 나면 아르바이트를 하나 더 뛰어서 메우고 그랬어요.

성공 후 아버지가 가장 좋아하셨어요.

개떵 아버지가 많이 좋아하셨어요. 아들들 잘 됐다고 자신감도 많이 생기셨어요. 주변에서도 '아들들 잘 됐다'라고 칭찬하니까 아버지가 많이 좋아하시더라고요. 먹방이 유명하다는 것을 아시고는 관심을 많이 가지셨어요. '잘 되지?' 이렇게 많이 물어보시곤 해요. 그전에 한 번 잘 안된 적이 있어서 신경이 쓰이시나 봐요. 친구들도 물론 좋아해요. 주위 친구들이 모두 20대다 보니 이제 사회에서 자리를 잡는 상황이에요. 다 같이 힘을 냈으면 좋겠어요.

300만 구독자를 만든 가장 큰 힘은 무엇이라고 생각하나요.

인기 비결은 하루도 거르지 않고 먹방을 올리는 '꾸준함'이라고 생각해요.

떵개 '꾸준함'이라고 생각해요. 쉬고 싶고 친구들과 놀고 싶기도 하지만 그렇게 하지 않고 매일 영상을 올려요. 과거에 실패했던 건 꾸준함이 부족했기 때문이라고 생각해요. 일과 유튜브를 함께 했기 때문에 자주 영상 업로드를 하지 못했어요. 체력과 자신감 모두 부족했던 것 같아요.

개떵 저희가 약속을 했어요. 무조건 하루에 한 개 이상 영상을 올리고 다른 일을 하자고요. 지금도 하루에 영상을 두세 개씩 올리고 있어요. 시청자분들이 저희 영상을 안 보다가 오랜만에 들어왔을 때 영상이 많으면 '아, 꾸준히 올리는구나' 이런 마음에 몰아서 보기도 하고 이후에 더 자주 찾아오시고 그래요.

저희도 항상 이걸 생각하고 있어요. 계속 올리고 있다는 생각이 들도록 꾸준히 영상을 만들려고 해요.

저희가 일본 여행을 가서 영상을 찍었는데 분량이 부족한 적이 있었어요. 그래도 부족한 대로 무조건 올렸어요. 일본에서 영상을 더 만들기 힘들 것 같아 여행을 접고 귀국하기도 했죠. 한국에서 부족한 영상을 찍으려고요. 방송 시작하고 업로드를 하루도 빼먹은 적이 없어요.

새로운 시도를 많이 하는 것도 인기 비결 중 하나가 아닐까 생각해요. 떵개가 이번에 준비하는 게 대리석에 삼겹살을 구워 먹는 거예요. 이처럼 새로운 시도를 하려고 많이 노력하고 있어요. 아이디어가 떠오르면 곧바로 실행하는 것도 저희 장점인 것 같아요. 남들이 할까 봐 서둘러 하는 편이에요.

먹방에 방해될까 봐 1년에 술 한 번 마셔요.

개떵 저와 동생은 방송만 하다 보니 친구를 만난 적이 거의 없어요. 방송하는 동안 술도 거의 못 마셨어요. 1년에 한 번 마셔요. 술을 일부러 멀리했거든요. 술을 마시면 먹방에 지장이 와요. 항상 긴장을 많이 해요.

소위 말하는 '대박' 영상이 많은데 대박 콘텐츠를 만드는 노하우가 있나요.

대박 칠 만한 영상을 모아서 한꺼번에 올리면 조회 수가 더 많이 나와요.

개떵 저희가 '레전드'라고 부르는 영상이 있어요. 저희 나름대로 조회 수가 잘 나올 거라는 느낌이 오는 영상들이죠. 레전드가 하나 터지면 시리즈로 연속해서 올려야 해요. 그러면 시너지 효과를 내면서 조회 수가 더 많이 올라요. 그래서 레전드 영상을 모아두었다가 구독자를 올려야겠다는 생각이 들면 연속으로 올리곤 해요. 알로에, 벌꿀 등 반응이 좋을 것 같은 영상을 아껴두었다가 한꺼번에 모아서 터뜨리는 거예요. 레전드를 모아서 올리면 조회 수와 구독자가 확실히 는다는 것을 느낄 수 있어요.

매일 콘텐츠를 올릴 만큼 제작량이 많은데 모든 콘텐츠가 다 좋은 반응을 얻을 수는 없잖아요. 콘텐츠 반응이 나쁘면 어떻게 대응하나요.

서로 이야기를 많이 해요...결론이 나면 바로 실행에 옮겨요.

떵개 반응이 별로 안 나오면 신경 쓰이긴 해요. 그러면 다음 날 더 잘 하려고 노력해요.

개떵 반응이 안 좋으면 서로 이야기를 많이 해요. 산책하면서 이야기를 하고 해법을 찾으려고 해요. 새로운 도전을 해야겠다는 결론이 나면 바로 실행에 옮겨요. 그래서 큰 슬럼프는 없었던 것 같아요. 쉬지 않고 꾸준히 영상을 올리기 때문에 한두 번 안 좋더라도 회복하는 속도가 빠른 것 같아요. 사람이 한 번 쉬면 계속 쉬고 싶어요.

모든 영상을 자막을 넣어 제작합니다.

해외 시청자도 늘고 있나요.

해외 시청자 늘리기 위해 모든 영상에 자막 달아요.

개떵 국내에서 가장 많이 보고 일본, 태국 등에서도 많이 보는 것 같아요. 해당 국가 음식을 먹으면 댓글이 많이 달려요. 자막은 모든 영상에 달고 있어요. 해외 시청자도 많으면 좋겠어요.

떵개 해외에서 많이 보다 보니 재미있는 에피소드도 있어요. 야구 모자를 쓰고 먹방을 자주 하는데, 미국 메이저리그 사무국에서 유니폼을 입고 먹방을 해 달라고 요청이 왔어요. 메이저리그에서 하는 '2018 MLB 푸드 페스티벌'이었는데, 50가지 뷔페 요리를 만드니 그걸 먹어 달라는 거였어요. 두 시간 동안 50가지 요리를 먹었죠. 유명한 분들과 사진도 찍고 즐거운 경험이었어요.

계속 무언가를 먹어야 하니 건강 걱정도 됩니다.
건강 관리는 어떻게 하나요.

방송하면서부터는 하루에 한 끼만 먹어요.

개떵 건강관리를 해요. 평소에는 세 끼 이상 먹었는데, 방송하면서부터는 하루에 한 끼만 먹어요. 맛있게 한 끼 먹어야 유지가 돼요. 헬스장 다니면서 운동을 하거나 볼링을 치기도 해요.

떵개 처음에는 너무 많이 먹으면 소화가 안 되고 잠이 안 오기도 했어요. 그런데 어느 순간부터 적응이 되고 금방 소화가 되더라고요.

구독자 300만 유튜버로 성장하면서 가장 많이 바뀐 건 무엇인가요. 소득도 궁금합니다.

경제적으로 안정되면서 마음의 여유와 자신감이 생겼어요.

개떵 경제적으로 집안에 도움을 줄 수 있어서 좋아요. 8평 방에 3명이 살았는데 지금은 그보다는 좋은 집에 살면서 마음의 여유가 생겼어요. 경제적으로 서로 돕고 그래요. 공동 채널을 운영하고 있어서 수익도 공동으로 관리하고 있어요.

떵개 저를 높게 평가해주는 게 좋았어요. 군대 전역하고 막막하던 시절에는 저 자신을 높게 보지 못하고 사람들도 많이 만나지 않았는데 지금은 삶이 달라졌어요.

수익을 물어보는 분들이 많은데요, 아버지께도 말씀을 안 드려요. 형제 사이에도 수익으로 이야기를 거의 안 해요. 수익이 안정적이지 않고 들쭉날쭉하기 때문에 말씀드리기가 더 어려워요. 월급 받는 게 아니기 때문에 불안정한 직업이기도 해요.

14

장삐쭈

이름 장진수
나이 1991년생
구독자 수 약 151만 명
누적 조회 수 약 4억 2,700만 회
소속사 샌드박스네트워크
방송 주제 더빙

구독자 수·누적 조회 수 2019년 4월 기준

장삐쭈는 151만 구독자를 확보한 '병맛 더빙' 계의 최고 스타다. 폭풍처럼 몰아치는 걸쭉한 입담이 압권이다. 대추 가공식품을 만들어 팔며 인생의 길을 찾던 그는 자신에게 학창시절과 군대 시절 연마한 '더빙' 재주가 있다는 걸 알게 됐다. 단순히 목소리를 흉내 내는 정도가 아니라 '빙의' 수준으로 주변 사람과 일체가 되는 더빙 솜씨는 단숨에 유튜브 시청자를 사로잡았다. 처음에는 고전 만화나 영화에 음성을 입혔지만 이제는 직접 짠 시나리오에 애니메이션을 제작하는 수준까지 발전했다. 그의 더빙 영상을 본 사람은 그 많은 출연자 목소리를 한 사람이 낸다는 사실을 믿기 어렵다. 하지만 사실이다. 남녀노소는 기본이고 까마귀 떼 나는 소리, 지하철 문 닫히는 소리까지 직접 낸다. 유튜브에 더빙이란 장르를 연 장삐쭈는 성공에 대한 확신이 가장 중요하다고 말한다.

올렸다하면 조회 수 100만 회... 기업광고 줄 세우는 최강 유튜버

요즘 가장 핫한 유튜버 중에 한 명입니다.
처음 유튜브에 관심을 가진 계기가 궁금합니다.

제 영상을 아무도 안 보던 시절도 있어요.

20대 초반 백수 시절에 엄마가 한심했나 봐요. 아르바이트 안 하면 뭐라도 해보라고 하셨어요. 게임 좋아하니까 개인 방송을 시작했는데 아무도 안 보더라고요. 일주일 정도 하고 그만뒀어요.

근데 재미있는 일이 있었어요. 방송을 시작했는데 한 명이 계속 보고 있는 거예요. 항상 시청자가 '2'로 표시가 됐어요. '한 명은 난데, 다른 한 명은 누굴까.' 누군가 보고 있으니 저는 엄청 열심히 했어요.

오버하면서 했는데, 나중에 알고 보니 제가 모바일로 켜놓은 게 집계가 된 것이었어요. 사실은 아무도 안 봤던 거예요. 마음이 아프네요. (웃음) 제 첫 방송을 본 사람은 지구에 단 한 명도 없는 셈이에요.

'이렇게 살면 안 되겠다'라는 생각에 대추고 팔기 시작했어요.

긴 이야기예요. 군대를 전역하고 그해부터 일을 했어요. 공장도 다녔고 휴대폰 가게 판매원, 음식 서빙, 주방보조 등 가리지 않고 일했죠. 그러다 여자 친구와 이별을 하고 나서 정신이 무너졌어요. 일도 그만두고 게임만 하며 지냈어요. 이겨내기가 힘들더라고요.

2년 정도 바깥과 단절된 생활을 했어요. 새벽 두세 시에 편의점 가는 게 전부였어요. 친구들과도 연락을 끊고 혼자 지냈어요.

어느 날 갑자기 '이렇게 살면 안 되겠다'라는 생각이 들어 장사를 해보기로 했어요. 아무 정보도 없이 무작정 장사를 하기로 한 거죠. 옛말에 이런 말이 있잖아요. '사과 한 개를 닦아서 두 개 값에 팔고, 사과 두 개를 닦아서 네 개 값에 판다.'

2차 가공식품을 만들어 팔자는 생각을 했어요. 빻은 마늘 같은 거요. 천 원이라도 벌어보자는 생각이었어요.

그때 떠오른 게 '대추청'이었는데, 만들기가 쉬워서 하시는 분들이 너무 많았어요. 그런데 연관검색어에 '대추고'라는 게 있었어요. '고'는 재료를 푹 고아서 흐물흐물해질 때 체에 거르면 된장처럼 되직해지는 그런 식품이에요. 만들기가 엄청 까다로워요. 정성이 많이 필요해서 만드는 분들이 많지 않았어요.

그래서 무작정 대추 2kg을 사서 정성스레 만들어보니 한 병 반이 나오더라고요. 만드는 과정을 휴대폰으로 찍어서 네이버 블로그에 아무 생각 없이 올렸어요. 당연히 연락이 없었죠. 하루 방문자가 두세 명에 불과했어요.

2주 정도 연락이 없어서 저도 잊고 살았어요. 다시 게임 생활을 하고 있을 때인데 어느 날 연락이 오더라고요. 처음으로 대추고 두 병을 팔았어요. 리본 포장하고 손편지도 써서 초호화 박스로 보냈어요. 스물여섯 살 때 일이에요.

그걸 받은 분이 인터넷 커뮤니티에 후기를 올리신 거예요. '대추고가 생리통에 좋더라' '맛있더라' 이런 걸 올린 거예요. 이 글이 베스트로 올라가서 유명해진 덕분에 주문이 하루 20~30병씩 밀려들었어요.

가게가 필요해서 옆 동네까지 뒤진 끝에 괜찮은 사무실을 발견했어요. 당시 보증금 200만 원에 월세 27만 원이었어요. 가족에게 돈을 빌려 가게를 꾸미는 과정을 인터넷 커뮤니티에 올렸어요. '내 나이 스물여섯, 사장이 되었다' 이런 제목이었던 것 같아요.

이게 월간 베스트에 올라갔어요. 이 글을 보고 천 명 넘게 주문을 했어요. 감동을 받은 홍보 업체에서 3개월간 적은 금액으로 홍보를 해주기도 했죠.

정말 많이 팔았어요. 주말도 안 쉬고 하루 30~40병씩 만들어 매일매일

어깨에 짊어지고 우체국에 가서 부쳤어요.

한 병에 300ml인데, 이게 30~40병이면 60kg 정도 돼요. 이걸 등산 가방에 넣고 우체국에 가서 하나하나 포장해서 보냈어요. 지금 생각하면 오토바이라도 살 걸 그랬다는 생각이 들어요. 정말 무식했던 시절이죠.

직접 대추고를 홍보하려고 더빙을 시작했어요.

홍보비가 너무 비싸서 직접 홍보를 해야 했어요. 몇 번의 경험을 통해 인터넷 홍보의 힘을 알았기 때문에 인터넷으로 홍보할 방법을 찾았어요.

제가 중고등학교 때 선생님 성대모사를 잘했어요. 연예인 성대모사는 엄청 못하는데 주변 사람, 예를 들어 선생님이나 군대 조교, 대대장, 연대장 흉내를 잘 냈어요. 이걸로 휴가를 받았을 정도예요. 단순 흉내가 아니고 '빙의'라고 할 정도로 그 사람이 된 것처럼 몰입하는 재주가 있었어요. 그러다 보니 제 안에 많은 캐릭터가 있어요. 그래서 이걸로 홍보를 하면 좋겠다는 생각을 한 거죠.

'병맛' 느낌을 자극하는 영상을 만들어 올리면 잘되지 않을까 생각하고 싼 마이크를 사서 애니메이션에 더빙을 했어요. 이 영상이 인터넷 커뮤니티에서 인기를 끌자 더빙이 너무 재미있어서 밤마다 만들었어요. 나중에는 대추고를 빼고 순전히 재미로 더빙을 만들어 올렸죠.

유튜브에서 가능성 발견하고 과감하게 전업했어요.

유튜브 채널을 만든 건 '30년 후 블리자드 본사'라는 작품을 내고 큰 인기를 끌었을 때예요. 다수 온라인 게임사이트 상단에 이 영상이 올라갔어요. 그때는 아직 유튜브 붐이 일기 전이에요. '조회 수가 돈이 된다더라'라는 소문만 있던 시절이죠. 그래서 저도 무작정 유튜브 채널을 만들었어요. 그 채널에 지금까지 만든 영상을 다 올렸을 때 샌드박스네트워크에서 같이 하자고 연락이 왔어요.

당시 구독자가 1,700명 정도였어요. 유튜브 수익이 월 백만 원이 안 되던 때인데 '아, 이건 비전이 있겠다'라는 판단을 하고 과감하게 대추고 사업을 접었어요. 그때부터 지금까지 계속 창작활동을 이어오고 있어요.

가능성을 보고 유튜브를 전업으로 시작했습니다. 가능성을 넘어 채널이 급성장한 계기가 있었나요.

네이버 실시간 검색어 오른 날, 혼자 울며 소리 질렀죠.

구독자 20만 명까지는 가파르게 성장했어요. 10만 명은 빠르게 갔고, 20만 명 앞두고 조금 주춤했죠. 그러다가 '급식정음'이라는 작품이 대박이 났어요. 이걸 보고 tvN 'SNL'에서 연락이 왔어요. 이때 마침 애니메이터를 고용해서 '안기욱[7]' 캐릭터 첫 작품을 만들었는데, SNL에서 방영하자 너무나 큰 사랑을 받았어요.

2편은 1편보다 더 대박이 났어요. 2편은 지금 누적 조회 수 1,000만 회가 넘어요. 이 영상이 나가고 구독자가 20만 명에서 60만 명으로 급증했어요. 유튜브를 시작하고 불과 넉 달 만에 60만 명을 간 거예요.

그날 네이버 실시간 검색어 7위에 제 이름이 올라왔어요. 말로 표현하기 힘든 감정을 느끼면서 눈물이 났어요. 혼자 보면서 울고 소리 질렀어요. 한낱 일반인인 제가 네이버 실시간 검색어에 오른 게 믿기지 않았어요. 가족, 친구들에게 연락도 하고 그랬어요.

지금까지 제 인생에서 최고 짜릿한 순간 중 하나가 아니었나 싶어요.

천재라고 느낄 만한 창의성이 최고 강점인데
매번 이런 아이디어를 짜기 힘들 것 같습니다.
아이디어를 얻는 장삐쭈만의 노하우가 있나요.

내면의 화를 창작으로 승화해요.

제 안에 화가 많아요. 화를 창작으로 승화하고 있어요. 제가 겉으로 화

7) 장삐쭈 작품 '급식생'에 나오는 남자 주인공

를 내는 스타일이 아니에요. 정말 화가 나면 얼른 그 상황을 벗어나려고 해요. 만약 100만 원을 받아야 하는데 40만 원만 준다고 하면 60만 원을 버리는 스타일이에요. 그러다 보니 내면에 화가 많아진 거죠. 이런 걸 창작으로 승화해요.

사람들의 갈등을 포착하려고 노력해요.

온라인 커뮤니티를 많이 봐요. 사람들 사이의 갈등은 거의 비슷비슷해요. 상사, 친구, 가족, 사기꾼 등등 힘들게 하는 사람은 어디에나 있고 갈등도 언제나 있어요. 이런 걸 많이 보면 어떤 갈등을 어떻게 풀어야 시원하게 느껴지는지 알게 되죠. 아이디어는 뉴스에서도 많이 얻어요. 또 곰곰이 생각해봐요. 주변에서 누가 얄미운지, 누구를 캐릭터화하면 재미있을지 생각해요.

하루에 영화 한 편씩 꼭 챙겨 봐요.

영화는 많은 작품을 보려고 해요. 작품을 안 보면 '레퍼토리'가 안 쌓여요. '1일 1영화 시청'을 꾸준히 실천하고 있어요. 제목만 보고 봐요. 내용을 모르고 보는 거죠. 순전히 제목만 보고 영화를 봐요. 의무감을 가지고 매일 영화를 시청해요.

레퍼토리가 바로는 안 나와요. 몸속에서 소화가 돼서 내 몸의 일부가 되면 어떤 상황을 봤을 때 레퍼토리가 튀어나와요. 그 레퍼토리를 변형시

켜서 내 방식으로 재창조하면 그게 창작이 되는 거죠. 레퍼토리를 최대한 몸 안에 많이 적립을 해야 해요. 어느 순간에 튀어나올지 모르니까요.

유독 아이디어가 안 떠오르는 때가 있지 않나요. 이럴 때는 어떻게 하나요.

아이디어가 한 글자도 안 떠오를 때, 이때가 슬럼프예요.

아이디어가 안 떠오를 때 '여기서 끝인가?' 이런 생각이 들 때가 있어요. 막힌다는 느낌이 들 때요. 제가 메모장을 띄워놓고 일을 하는데요. 한 글자만 쓰면 일이 될 것 같은데, 그 한 글자가 안 써지는 거예요. 하얀 메모장을 보면서 몇 시간씩 앉아있어요.

이럴 때 '나는 여기까지구나' 하는 생각이 들어요. 그럼 슬럼프가 와요.

안 웃긴 영상을 올린 적은 한 번도 없어요. 저는 항상 '야, 이거 대박이다' 하는 생각으로 내요.

며칠이 됐건 언젠가 완성을 시킬 거라는 확신이 있어요. 그거 하나 믿고 하얀 메모장 앞에 앉아 기다려요. 그러다 보면 그냥 어느 순간 느낌이 '팍' 와요. 갑자기 느낌이 오면 일어나서 손뼉을 치며 방을 돌아다녀요. '왔구나, 이거구나' 싶어요. 그럼 메모장에 막 적고 그 이후는 쉽게 끝내요.

이런 슬럼프는 셀 수 없이 많이 와요. 지금은 보조 작가 등의 도움을 받기 때문에 옛날보다는 슬럼프가 덜 찾아와요.

처음 유튜브를 시작했을 때랑 구독자가 많은 지금이랑 콘텐츠는 어떻게 달라졌나요.

이제는 직접 그린 애니메이션에 더빙을 입혀요.

처음에는 고전 만화영화에 더빙을 입힌 소위 '병맛 더빙'만 했는데 이제는 안 해요. 지금까지 많이 했기 때문에 새로운 걸 해보고 싶어요. 지금은 급식생, 장삐쭈 단편선, 요사스러운 정령들 3개 코너를 하고 있어요. 애니메이터 두 분이 도와주고 있어요.

저와 보조작가가 소재와 대본을 짜면 이걸 토대로 애니메이터가 그림을 그려요. 제가 마지막으로 대사를 넣어요.

얼굴과 신상정보를 노출하지 않아 장삐쭈 개인에 대한 관심도 높습니다. 장삐쭈는 어떤 사람인가요.

빠른 힙합 따라 부르며 정확한 발음 연습했죠.

영상 길이가 짧다 보니 오디오 공백이 생기지 않게 하려는 강박증이 있어요. 영상에서 오디오가 1초 이상 비면 저는 못 견뎌요. 그래서 최대한 영상을 촘촘히 당기죠.

침묵이 개그가 되는 순간이 있긴 해요. 어이가 없고 썰렁할 때요. 그럴 때 빼고는 대사로 꽉 채워서 몰아쳐야 사람들이 몰입한다고 봐요.

발음도 중요해요. 발음이 하나라도 뭉개지고 애매하면 무조건 다시 녹음해요. 완벽하게 그 단어와 문장으로 들리도록 녹음을 해요.

제가 힙합을 되게 좋아해요. 이걸 따라 하다 보니 발음을 정확하게 하려는 습관이 몸에 밴 것 같아요. 중학교 때 '아웃사이더' 노래를 좋아했어요. 랩이 엄청 빠른 래퍼예요. 이 사람 노래를 너무 따라 하고 싶더라고요. 그래서 가사를 프린트해서 일주일 동안 연습했어요. 한 글자도 안 빠뜨리고 또박또박 해냈어요. 이게 지금까지 이어지고 있어요. 시청자는 신경 쓰지 않더라도 귀로 이해하는 거죠.

더빙이 재미있는 게 아니라 장삐쭈라는 사람이 재미있는 거라고 생각해요.

'왜 내 영상을 재미있다고 할까' 저도 많이 생각했어요. 성공하면 사람들이 공식을 찾으려고 하죠. 근데 그건 그 영상만이 가진 재미이지 그걸 따로 정형화하면 안 되는 것 같아요.

그냥 나이기 때문에, 내가 재미있는 사람이기 때문에, 내 입에서 나오는 발음이나 발성, 목소리, 톤, 대사들이 오로지 나이기 때문에 재미있는 거라고 생각해요.

똑같은 걸 다른 사람이 하면 그런 재미가 덜 느껴질 것 같아요. 장삐쭈만의 '영혼' 같은 거예요. 눈과 귀로는 느낄 수 없는 다른 느낌의 세계인 거죠.

얼굴 곧 노출할 거예요.

웬만하면 얼굴을 노출하려고 해요. 제가 원래 이렇게 살이 찌는 사람이 아니었어요. 대추고 팔고 영상 일하면서 급격하게 20kg 정도가 불었어요. 이걸 빼려고 노력하고 있어요.

얼굴 공개를 어떤 방식으로 할지도 고민 중이에요. 앞서 말씀드렸지만 제가 더빙에 특화된 사람이 아니고, 제 자신이 재미있는 사람이기 때문에 더빙을 해도 재미있는 거라고 생각해요. 저는 궁극적으로 저 자신이 가치 있는 사람이 되고 싶어요. 창작자의 길로 들어섰으니 창작물을 홍보하는 데 저라는 사람을 소비하고 싶어요. 더빙은 제 능력 중 일부분일 뿐이에요. 나머지 저라는 사람의 다양한 매력을 보여드리고 싶어요.

현재 샌드박스네트워크라는 소속사를 두고 있습니다.
소속사가 어떤 도움을 줬나요.

장삐쭈 채널의 인기 캐릭터 '안기욱'

샌드박스네트워크는 평생의 은인이죠.

사실 샌드박스네트워크 아니었으면 여기까지 오지도 못했을 거예요. 거의 모든 것을 같이 하고 있어요. 마음 잘 맞는 매니저님을 만나서 채널을 세계적으로 키워보자는 포부로 같이 노력했어요. SNL 방송에 나간 것도 이분과 같이 했고요. 이분 도움이 없었으면 채널 성장이 훨씬 더뎠을 거라고 생각해요. 애니메이터도 소속사에서 소개해주신 분이에요. 애니메이터와 관계가 중요하다고 생각해요. 아주 친하게 잘 지내고 있어요.

조회 수가 높은 만큼 댓글도 많습니다. 장삐쭈는 댓글을 어떻게 활용하나요.

악플도 조회 수 1이에요.

댓글은 다 읽어요. 댓글이 모이면 데이터가 돼요. 예를 들어 댓글 수를 측정하면 성과를 알 수 있어요. 댓글 수 자체가 일종의 리액션인 거예요.

악플도 유심히 봐야 해요. 막무가내로 욕하는 건 지우면 그만인데, 그런 것 말고 제 콘텐츠에 실망하는 사람들이 있어요. '예전에는 이랬는데, 그런 맛이 없어졌다' 이런 글이 달리죠. 그럼 저도 한 번 생각하게 돼요. 실망시키고 싶지 않으니까요.

악플도 조회 수 1이고, 그것도 나에게 이익을 주는 행위라고 생각해요. 사람이 떠나는 게 가장 무서운 거예요. 봐주고 악플 써주면 1원이라도 이익이니까 감사해요. 정 마음이 아프면 삭제하면 돼요. 제 영상을 봐주는 사람이면 일단 고마워해야 해요.

크리에이터로서 유튜브, 1인 미디어의 미래에 대해 어떻게 생각하나요.

1인 크리에이터와 유튜브 전성기는 아직 오지 않았어요.

유튜브의 전성기는 이제 전성기의 'ㅈ'자가 오는 단계라고 생각해요. 전성기는 오지도 않았어요. 아직도 TV에 자본이 몰려있는 상태예요. 점점 유튜브로 자본이 흘러들 거라고 봐요. 2~3년 안에 그렇게 될 가능성이 있다고 생각해요. 그러면 TV와 유튜브로 방송 자본이 나뉠 거예요. TV 본방송 챙겨보는 사람 거의 없잖아요. 변화 속도가 점점 빨라질 거예요.

기존 방송 업계는 보수적이어서 이걸 못 느끼는 것 같아요. 저희들끼리 하는 이야기가 있어요. '6개월이다'라고 표현하는 데요. 이게 무슨 뜻이냐면 유튜브 업계에서 무슨 일이 '펑' 터지면 6개월 후에 전통 방송 업계에서 '어?' 하고 놀란다는 의미예요.

유튜버로 인기를 얻은 지금 무엇이 가장 달라졌나요. 수입도 궁금합니다.

자고 나면 기업에서 연락이 와 있어요.

기업에서 연락이 많이 와요. 자고 일어나면 4~5개씩 연락이 와있어요. 제 영상에 광고를 하면 효과가 있다는 소문이 났나 봐요. 제 영상 한 편을 수백만 명이 보니까요. 온라인 광고가 20만 명만 봐도 많은 건데, 백만 명을 넘어가는 건 효과가 좋은 거예요.

지금은 3~4분짜리 단편 영상을 만들고 있지만, 누군가 제안을 해준다면 20분, 30분짜리 영상도 만들 생각이에요. 언젠가는 중장편 제안도 들어올 거라고 믿어요.

'완벽한 타인'이라는 영화를 아시나요? 친구들이 테이블에 모여 스마트폰을 공개하면서 벌어지는 이야기예요. 연극 같아요. 이게 제 스타일과 비슷하다고 느꼈어요. 저도 영화를 만든다면 한정된 공간에서 일어나는 일을 다룰 것 같아요. 다양한 사람들, 다양한 캐릭터가 많은 상호작용을 하는 작품을 만들고 싶어요.

슈퍼스타들의 '성공한다는 확신'을 본받으려고 해요.

유튜브를 시작하고 제 인생이 180도 달라졌어요. 제가 국밥을 아주 좋아하는데요. 옛날에는 7,000원짜리 국밥 한 그릇이 먹고 싶어 집에 있는 동전을 다 모아 국밥집에 가지고 가곤 했어요. 근데 돈이 부족했어요. 몇백 원 부족했는데 사장님이 그냥 가라고 보내주신 적도 있어요. 그때 천 원이 지금 백만 원 가치로 변한 것 같아요. 제가 최근 연말정산을 했는데요, 소득 수준이 꽤 상위권에 속하더라고요. 덕분에 돈에 대해서는 많이 무뎌진 것 같아요. 장남이다 보니 가족 부양 책임도 느껴요. 당장은 집안을 일으키는 데 온 신경을 집중하고 있어요. 가족들이 돈 때문에 싸우거나 멀어지는 일은 없었으면 해요.

제가 슈퍼스타들을 되게 좋아해요. 마이클 잭슨, 퀸의 프레디 머큐리 등 대스타들의 멘탈을 닮아가려고 해요. 그들은 자신이 성공한다는 너무나 확고한 믿음이 있었어요. 실패한다는 것에 대해 단 한 치의 염두도 없는 거죠. 이미 저 높은 곳에 있다고 생각하고 행동을 하는 사람들이에요. 그 멘탈을 닮아가려고 노력을 하고 있어요.

15

급식왕

이름 발가락쌤, 두더지, 광자
구독자 수 약 94만 명
누적 조회 수 약 3억 3,500만 회
소속사 샌드박스네트워크
방송 주제 시트콤

구독자 수·누적 조회 수 2019년 4월 기준

많은 크리에이터가 유튜브를 통해 인생이 달라졌다고 하지만 급식왕만큼 '인생 역전'이라는 말이 어울리는 사람들을 찾기도 쉽지 않다. 이 글을 읽는 분이 30대 이상이면 아마도 급식왕을 처음 들어봤을 확률이 높다. 그러나 10대는 십중팔구 급식왕을 아는 걸 넘어 급식왕을 모르면 학교에서 말이 안 통한다고 할 게 틀림없다. 10년 넘게 무명 개그맨 생활을 했던 세 남자가 뭉쳐 94만 구독자를 모으며 그야말로 인생이 달라졌다. 실업급여를 받으면서까지 버리지 못했던 개그맨으로서의 성공을 지상파 TV가 아닌 유튜브에서 해낸 것이다.

급식왕은 캐릭터 강한 발가락쌤, 두더지, 광자 등의 등장인물이 학창시절에 있을 법한 재미있는 에피소드를 연기하는 게 웃음 포인트다. '10대들의 시트콤 코미디'라는 표현이 채널의 성격을 대변한다. 급식왕 세 남자는 내세울 게 오직 '성실한 공부'뿐이라고 했다.

12년 무명 개그맨 설움 떨치고 초대박 친 3인방

개그맨인데 TV가 아닌 유튜브로 스타가 됐습니다. 유튜브를 시작한 계기가 무엇인가요.

TV를 떠나 유튜브에 둥지를 틀었어요.

발가락쌤 대학로 소극장에서 3년 정도 연습생 시절을 거쳐 SBS에서 개그맨 생활을 시작했어요. MBC로 자리를 옮겨 개그맨 하다가 그만두고 방송작가 생활을 했죠. 유튜브가 뜬다는 말을 듣고 '이거다' 싶어서 뛰어들었어요.

두더지 중국에서 고등학교를 다녔어요. 스무 살 때 대학로 소극장에서 개그를 시작했죠. 스물네 살에 SBS 공채 개그맨으로 들어갔는데 사정이 좋지 않아 그만두고 여러 일을 전전했어요. 그러다 유튜브가 대세라고 해서 셋이 팀을 만들어 급식왕을 하게 됐어요.

광자 저도 대학로에서 활동하다 이 친구들을 만났어요. 저는 공채 개그맨은 아니에요. 유튜브 전에 싸이월드, 페이스북에 영상 올리는 게 취미였어요.

유튜브 시대 직감하고 팀을 꾸렸죠.

두더지 저희는 공연장에서 만난 사이에요. 그래서 공개코미디에 미련이 있었어요. 그런데 광자는 세계적 흐름이 1인 미디어로 간다는 걸 빨리 알았어요. 1세대 페이스북 스타였기 때문에 이런 흐름을 잘 알았던 거죠.

페이스북이 하락세인 걸 알고 유튜브로 옮기기로 하고 저랑 2018년 1월 처음으로 팀을 짰어요. 일주일 정도 해보니 둘이 하는 것도 벅차더라고요. 그래서 발가락쌤에게 연락했어요. 작가 출신이어서 스토리를 잘 짜거든요. 2월 첫째 주 카페 '첫 만남'에서 팀을 이뤘어요.

광자 저는 예전에 생계가 아니라 재미로 페이스북에 영상을 올렸어요. 그때만 해도 유튜브보다 페이스북을 많이 할 때였어요. 하나씩 올리니 반응이 오더라고요. 그래서 계속 올렸죠. 먹방, 몰래카메라 이런 거 올렸어요. 영상을 올린 지 일주일 만에 미국까지 퍼지더라고요. 이걸 경험하고 매체와 콘텐츠만 있으면 통할 수 있다고 느꼈어요. 그때만 해도 돈 벌 생각은 없었어요. 하지만 시대가 변할 거라고 예상은 했어요.

발가락쌤 아이디어 좋고 연기 못하는 사람들이 작가로 가는데, 저도 작가하면 성공할 거란 말을 많이 들었어요. 글을 잘 쓰진 못하지만 상상력을 발휘하는 일에 특기가 있었거든요. 저는 작가로 성공 가능성이 있었어요. 하지만 무대에 서고 싶은 본능을 참지 못하고 돌아왔죠. 개그를 다시 해보고 싶어서 배수진을 치고 유튜브로 왔어요.

급식왕은 콘텐츠 다수가 조회 수 100만 회를 넘길 정도로 반응이 좋은데 어떻게 방송 콘셉트를 잡았나요.

처음 외계인 콘셉트가 재미없어서 학생물로 갈아탔어요.

발가락쌤 유튜브에서 성공하려면 초중고생을 대상으로 해야 한다는 결론이 나왔어요. 그런데 이미 중고생을 장악한 유튜버들이 있었죠. 그래서 우리는 초등학생을 대상으로 영상을 만들기로 했어요. 그래서 외계인 콘셉트로 갔죠. 저희가 처음 만든 '뚜띠모띠'가 이런 내용이에요.

'영국남자'라는 유튜버가 잘 나가는 걸 보고 그럼 우리는 외계인 입장에서 한국 문화를 체험한다는 쪽으로 방향을 잡은 거죠.

두더지 사실 처음에 학생물을 하자는 이야기를 광자가 했어요. 저를 만나기 전날 영화 '말죽거리 잔혹사'를 보고 영감을 얻었대요. 그래서 한두 편 만들었는데 반응이 신통치 않자 외계인 영상을 찍은 거예요.

근데 외계인 영상도 반응이 안 좋았어요. 구독자가 3,200명밖에 안 됐죠. 영상을 40개나 올렸는데 이 정도밖에 안 됐어요. 그래서 긴급 아이디어 회의를 하고 광자가 말한 학생물로 돌아가기로 했어요.

초등학생을 대상으로 영상을 만들기로 하고 발가락쌤이 '급식왕' 아이디어를 내서 지금 이름이 됐죠.

처음에는 저도 실명을 썼는데 '두더지 닮았다'라는 댓글이 달리더라고요. 그다음부터 두더지가 됐죠. 발가락쌤은 순풍 산부인과에서 발가락 쑤시던 아저씨가 너무 웃겨서 이름을 따온 거고요, 광자는 원래 유명하니까 그대로 했어요.

방송 초반 별다른 반응이 없었습니다. 분위기를 반전시킨 방법이 궁금합니다.

갑자기 빵 터진 영상으로 일주일 만에 인생이 바뀌었죠.

두더지 뚜띠모띠가 안 되니까 광자가 운영하던 '절대광자' 채널에 학생 콘텐츠를 검증 차원에서 올려봤어요. 조회 수 차이가 많이 나더라고요. 절대광자에서 학생 콘텐츠가 20만 조회 수 이상을 기록했어요. 그래서 학생물로 가자고 결론을 내렸어요.

발가락쌤 학생물로 만든 첫 콘텐츠가 남학생들끼리 야릇한 분위기를 만드는 거였어요. 체해서 등을 두드려주고 있는데, 선생님이 그걸 보고 오해하는 장면이에요. 근데 초등학생들이 뭘 안다고 이걸 좋아해 주더라고요. 이게 빵 터졌어요. 급식왕 콘셉트로 올린 첫 영상인데 이게 50만 조회 수가 나올 정도로 터진 거예요.

그다음에 '학교 수업 빠질 수 있는 꿀팁[8)]' 등의 영상이 100만, 200만 조회 수를 기록하고 유튜브 전체 1위를 찍으면서 영상 두세 개 만에 인생이 확 바뀌게 됐어요. 2018년 6월 초 일주일 만에 일어난 일이에요.

초등학생은 재미있으면 여러 번 보더라고요. 그래서 조회 수가 높아요. TV에 시트콤이 없으니 그 형식을 빌려서 개그를 한 게 먹힌 것 같아요.

두더지 TV에서 시트콤을 안 하니 어린 친구들이 재미있어하는 것 같아요. 저희는 순풍 산부인과 세대인데. 요즘에는 '거침없이 하이킥' 이런 게 없잖아요. 시트콤 장르 자체를 신선해 하는 것 같아요. 급식왕이 초등학생들의 시트콤 역할을 하는 것 같아요.

발가락쌤 저희가 예전에는 다 있던 캐릭터예요. 박영규, 신동엽, 홍경인 등등 말이에요. 어린 친구들에게는 저희가 그런 캐릭터인 것 같아요.

유튜브 전체 인기 1위? 누가 장난친 줄 알았어요.

발가락쌤 어느 날 '학교 수업 빠질 수 있는 꿀팁'이 유튜브 전체 인기

8) '학교 수업 빠질 수 있는 꿀팁' 영상은 누적 조회 수 640만 회를 넘었다.

영상 1위에 올라 있는 거예요. 네이버 검색어 1위 같은 거예요. 광자가 장난친 줄 알고 장난치지 말라고 했을 정도예요. '힘들어 죽겠는데 놀리지 말라'라고 했어요.

두더지 김밥천국에서 김밥 먹고 있었는데, '학교 수업 빠질 수 있는 꿀팁'으로 유튜브 1등을 했다는 거예요. 저는 유튜브에 그런 걸 알려주는 시스템이 있는 줄도 몰랐어요. 깜짝 놀랐죠.

발가락쌤 저희도 감이 왔어요. '이거 됐다, 적중했다' 이런 감이요. 이건 그냥 터진 게 아니라 제대로 공략했다는 자신감을 얻었어요.

유튜브 전체 1위를 할 수 있었던 비결은 무엇인가요.

12년 무명 설움 이기려고 공부 또 공부했어요.

발가락쌤 유튜브에서는 성공하고 공개 코미디에서는 성공하지 못한 이유와도 연관이 있는 것 같아요. 예를 들어 공개 코미디에서는 유명하고 날고 기는 사람들이 많잖아요. 지금도 같이 무대에 서면 저희가 이길 수 없는 능력자들이에요. 연기력, 애드리브 차이가 많이 나요. 근데 유튜브는 공부를 할 수 있고 편집을 할 수 있어요.

저는 작가 생활을 오래 했고, 그들보다 개그를 못했기 때문에 더 열심히 유튜브를 공부했어요. 그들은 방송할 때 우리는 미국 시트콤 하나라도 더 보면서 열심히 공부했다고 자부할 수 있어요. 12년 무명의 설움을 버티면서 그동안 본 개그를 모아서 축약을 한 거죠.

두더지 유튜브를 보면 방송하는 분들이 대부분 일반인이잖아요. 아무래도 직업 개그맨을 했던 저희보다는 연기가 부족할 가능성이 높아요. 우리는 연기를 10년 이상 해서 대본을 짤 줄 알고 연기를 할 수 있다는 점이 차별점이라고 생각해요.

급식왕은 캐릭터가 분명합니다.
분명한 캐릭터를 만드는 노하우가 있나요.

모범생, 꼰대, 까불이 등 캐릭터를 철저하게 만들었죠.

발가락쌤 미국 드라마 '빅뱅이론'을 보면서 캐릭터를 극도로 정형화해야 한다는 점을 배웠어요. 모범생은 철저히 공부만 하는 바른생활 사나이로 가고, 날라리는 철저히 머리 비고 말썽쟁이로 가고, 꼰대 선생님은 철저히 꼰대로 가라는 공식을 배운 거죠. 그래서 발가락쌤인 저는 꼰대고 학생들 윽박지르는 캐릭터예요. 광자는 철저히 순박하고 착한 모범생인데, 저한테 당하다가 마지막에 통쾌한 복수를 하죠. 두더지는 감초 역할처럼 까불고 어린애처럼 굴어요. 무대에서 이 연기를 하면 관객이 웃는다는 걸 아는 거죠.

두더지 개그를 오래 했기 때문에 어느 정도 캐릭터가 잡혀 있었어요.

급식왕 콘텐츠가 초등학생 사이에서 특히 인기인 이유가 있나요.

'나 급식왕에서 봤어' 이게 자랑거리인가 봐요.

발가락쌤 저희도 급식왕 채널이 왜 조회 수가 높은지 많이 고민했어요. 학생들끼리 소문을 듣고 서로 보는 것 같아요. 급식왕을 아는 게 자랑이 되는 것 같아요. '키 크는 체조' 이런 거요. '나 급식왕에 나온 이 춤 알아' 이게 자랑이 되는 거죠. 학교에서 수업 중에 선생님이 영상을 틀어줄 때가 있는데, 급식왕을 틀 때가 있다고 해요.

이제 초등학생으로 시청 층이 굳어진 것 같아요. 건전하게 웃기려고 해요. 욕도 배제하고요. 부모님들도 맘 놓고 아이들이 보도록 건전한 웃음을 드리려고 해요.

콘텐츠 특성상 대본이 중요할 것 같습니다. 대본은 누가, 어떻게 만드나요.

왼쪽부터 발가락쌤, 광자, 두더지

대본 쓸 때 엄청 싸워요...양보가 없어요.

발가락쌤 대본은 셋이 함께 만들어요. 하루 회의, 하루 촬영, 하루 편집해요. 3일에 한편 만드는 거죠. 편집은 직접 하는데, 얼마 전부터 최종 편집을 전문가에게 맡기고 있어요.

1년 정도밖에 되지 않았기 때문에 아직 아이디어 걱정은 없어요. 간간이 게스트 도움을 받기도 해요. 유명한 분들과 협업하기도 하고, 예전 동료나 후배들 도움도 받죠.

얼굴이 알려져 있지 않은 분들과 협업하면 캐릭터에 쉽게 몰입하는 장점이 있어요. 엄마 캐릭터인데, 진짜 엄마냐고 묻기도 해요. (웃음)

아직까지 큰 문제없이 쭉 이어오고 있어요. 저희끼리 엄청 싸우는데, 잘 되려고 싸우는 거니까요. 안 돼서 싸우는 건 전혀 없고, 더 좋은 아이디어를 내려고 싸워요.

초등학생이 주 시청층인데 아이들을 이해하기 위해 어떤 노력을 하나요.

아이들 마음을 알기 위해 열심히 노력해요.

발가락쌤 저는 이른바 '오타쿠'예요. 장난감, 만화를 실제 모으고 좋아해요. 게임도 당연히 좋아하고요. 돈 생길 때마다 사 모아요. 프로 레슬러 옷을 입고 다니기도 해요.

두더지 저는 공부하는 스타일이에요. 유튜브도 많이 보고요. 무대에서 봤기 때문에 감도 조금 있어요. 댓글에서 아이디어를 얻기도 하고요. 허팝, 도티, 보겸 등 다른 유튜버 영상을 많이 봐요. 지상파 예능도 참고하죠.

광자 저는 어렸을 때 영구 많이 봤어요. 내가 어릴 때 뭘 좋아했는지 생각해봐요.

최근 유튜브를 시작하는 연예인이 정말 많습니다.

연예인이라는 점이 유튜브 성공을 담보한다고 보나요.

연예인이라고 유튜브 성공한다는 보장은 없어요.

발가락쌤 연예인이 유튜브에 진출하는 건 역효과가 많다고 생각해요. 인지도가 높으면 기대치가 높아요. 조금만 재미가 없어도 실망할 수 있어요. 연예인은 가진 것을 내려놓기가 쉽지 않아요. '내가 환호 받던 연예인인데, 왜 내가 이런 걸 해야 하나.' 이런 생각에서 벗어나기가 어려워요.

두더지 연예인은 바쁘니 편집을 못해요. 저희는 구성을 직접 하고 편집도 직접 하니까, 웃긴 포인트를 살릴 수 있어요. 연예인은 그게 힘들어요.

그러니 일반인이 너무 위축될 필요가 없다고 봐요. 카메라도 일부러 좋은 거 안 써요. 편집도 B급 감성으로 해요. 너무 프로 느낌 나는 것보다는 이게 좋은 것 같아요.

급식왕이 보는 유튜브의 미래는 어떤가요.

유튜브, 10년은 잘 나가지 않을까요.

발가락쌤 요즘은 사람들이 유튜브에 워낙 열광하는 것 같아요. 지상파도 유튜브랑 많이 협업하고요. 몇 년 간은 잘 가지 않을까 싶어요.

두더지 10년은 갈 것 같아요.

현재 유튜버 생활에 만족하나요. 무엇이 가장 많이 바뀌었나요.

방송사 다닐 때보다 지금이 훨씬 행복해요.

모두 단호하게 지금이 훨씬 좋아요. 훨씬 낫죠. 현직 개그맨 선배도 지적을 많이 받기 때문에 힘들어해요. 저희는 마음대로 꿈을 펼칠 수 있어 좋아요.

두더지 방송사에서 일할 때는 코너가 없으면 방송에 못 나가고 수입이 없었어요. 근데 지금은 저희 채널이 있으니까 저희가 마음대로 영상을 만들어 올릴 수 있어요. 저희만의 방송국이 생긴 셈이죠. 10년 개그맨 생활한 것보다 최근 다섯 달 사이에 인지도가 훨씬 높아요. 어디 가면 아이들이 다 알아봐요.

발가락쌤 8~15세가 저희 주요 시청 층인데요. 체감 상 초등학생 대부분이 저희 셋을 알아보고, 중고등학생 대부분이 광자를 알아봐요. 초등학생 자녀 둔 어머님들도 많이 알아보시죠. 근처 식당 가면 사장님이 사진 찍자고 해요. '아이들이 팬이야' 이러시면서요.

최근에는 말을 붙일 수도 없이 유명한 개그맨 선배가 "우리 아들이 너희 팬이야. 사진 한 번 찍자"라고 하시더라고요. 저희 입장에서는 감동이었어요.

개그 욕심을 못 버려서 작가 생활 청산하고 맨땅으로 돌아온 건데요.

개그맨 생활이 12년 정도 돼요. 저와 두더지는 전혀 빛을 못 봐서 설움이 좀 있어요. (웃음)

무명 시절 어머니가 소주를 드시면서 우셨어요.

발가락쌤 유튜버 전과 후가 너무 달라졌어요. 말도 안 되는 변화가 일어났죠. 남들 연봉을 한 달에 버는 때도 있어요. 세 명이 나눠도 그 정도예요. 저는 인생에서 작가 시절이 제일 많이 벌 때인데, 그보다도 지금이 훨씬 많죠.

두더지 작년 5월까지 실업급여를 받았어요. 월 백만 원 조금 넘어요. 석 달 받았어요.

광자 저는 돌잔치 사회를 했어요. 30분 하면 3만 원 받았어요. 강원도 등 지방 멀리 가면 차비를 조금 더 줘요. 물론 페이스북으로 돈을 좀 벌긴 했어요. 그나마 셋 중에는 제가 제일 사정이 나았죠.

발가락쌤 어머님이 소주 마시면서 우시는 모습까지 봤어요. 지금은 좋아하시죠. 제가 장남이거든요. 작가할 때도 수입이 부모님 드릴 정도는 아니었어요. 지금은 이렇게 사랑받아도 될까 싶을 정도로 사랑을 받고 있어요.

두더지 제가 어머니 빚을 갚아드렸어요. 하고 싶은 일을 하면서 돈을 번다는 게 너무 행복한 것 같아요.

광자 저는 하려면 제대로 하라고 집에서 늘 그랬어요. 반대는 안 했는데 끝장을 보라는 말씀을 많이 하셨어요. 지금은 많이 좋아하세요.

유튜버로서 급식왕의 목표는 무엇인가요.

어른들도 급식왕을 알게 하고 싶어요.

발가락쌤 구독자 수는 욕심 안 내요. 다만 어른들도 유튜브에 급식왕 채널이 있다는 걸 인식하도록 하고 싶어요.

두더지 경조사 가면 어린아이들은 잘 아는데 어른들은 잘 몰라요. 친구가 저보고 '방송도 안 나오고 힘들겠다'라고 하더라고요. 어른들은 유튜브를 잘 모르니까요. 힘내라고 하더라고요.

16

힘콩

이름 유석종
나이 1988년생
구독자 수 약 22만 명
누적 조회 수 약 5,400만 회
소속사 힘콩의 재미어트
방송 주제 헬스

구독자 수·누적 조회 수 2019년 4월 기준

우람한 근육질 남자가 개그맨보다 더 망가지며 운동의 '재미'를 알려준다. 유튜브와 페이스북을 합쳐 80만 명의 구독자를 확보한 힘콩 이야기다. 직접 디자인한 운동기구를 자신의 공장에서 조립하고 판매하는 독특한 시스템으로 20대에 이미 연 매출 100억 원을 올린 적이 있을 정도로 뛰어난 사업 수완도 지녔다. 힘콩은 돌려 말하는 법이 없다. 곧장 직진한다. 1인 크리에이터를 하고 싶다면 왜 하는지를 분명하게 정하라고 '돌직구'를 날린다. 돈을 벌고 싶은지, 유명인이 되고 싶은지를 정하라는 게 힘콩의 짧고 굵은 메시지다. 그렇다고 유튜브 채널을 광고로 도배하면 사람들이 금방 떠난다는 사실도 안다. 힘콩이 제시하는 해법은 '나눔'이다. 내가 번 이익의 일부를 구독자와 공유하고 그 사실을 정확하게 이야기할 때 신뢰가 유지될 수 있다는 것이다.

20대에
연 매출 100억 원...
유튜버 사업가 힘콩

유튜버 외에 사업가이기도 합니다.
힘콩에 대해 간단히 설명해주세요.

운동기구로 연 매출 100억 원까지 기록했죠.

'힘콩의 재미어트' 대표 힘콩이에요. 인천 청라에 살면서 운동기구 제조업과 운동 유튜버를 하고 있어요. 쉽게 말해 운동 기구 만들어 파는 사람이죠. (웃음)

청라에 숙소 겸 사무실이 있어요. 직원 중에 지방 출신이 좀 있어요. 제가 지방을 돌아다니면서 사업을 했거든요. 연고지가 원래 인천이라 2016년 이곳으로 복귀했어요. 일하던 팀원들도 같이 왔는데, 먹는 것과 잠자리는 확실히 해결해주겠다고 약속했어요. 제조를 직접 하기 위해 인천 북항에 공장이 있어요. 청라 사무실은 촬영 스튜디오 겸 마케팅 사무실로 쓰고 있어요. 1인 기업으로 시작해 직원이 가장 많을 때는 30명까지 됐어요. 지금은 15명 정도예요. 연 매출은 최고 100억 원까지 기록했어요. 최근에는 닭 가슴살 등 다이어트 식품으로 사업 영역을 넓히고 있어요.

방송으로 제품을 파는 유튜버는 많지만 직접 제조까지 하는 사람은 많지 않습니다. 운동기구를 직접 만드는 이유가 뭔가요.

어린 나이 받은 상처 때문에 직접 만들기로 했어요.

가정에서 하는 '홈짐' 운동기구를 10종 정도 만들어요. 저는 사회체육학과를 나왔어요. 도면을 직접 그리지는 못하지만 빨대 같은 걸로 관절을 만들어 운동기구를 표현하거나, 그림을 그려 제조 업체에 만들어 달라고 의뢰해요. 의뢰해서 샘플을 뽑아보고 수정 보완 과정을 계속하는 거죠.

처음에는 유통만 하고 제조는 따로 맡겼어요. 제조를 직접 하면 재고를 안아야 하니까 비용 부담이 크거든요. 그런데 판매가 잘 되니까 업체에서 제조 단가를 올리더라고요. '우리가 사람이 더 필요하니까 돈을 더 달라'라는 거였죠. 저한테는 '우리 아니면 물건 만들어줄 사람 없잖아'라는 말로 들렸어요. 제가 돈을 주고 일을 맡기는 입장인데도 그랬어요. 지금 생각해보면 어린 나이여서 그랬던 것 같아요. 그런 일을 많이 당하다 보니 직접 만들자는 생각이 들었죠. 그래서 공장 라인 만들고 직접 생산을 하게 됐어요.

유튜브 외 다른 플랫폼에서도 채널을 운영하고 있습니다. 어떤 채널을 운영 중인가요.

유튜브 외에 전 채널을 모두 운영해요.

저는 전 채널을 다 운영해요. 유튜브부터 인스타그램, 네이버 블로그, 카페, 페이스북까지 다 하고 있어요. 메인은 유튜브와 페이스북이고요. 유튜브는 콘텐츠 보관 장소라고 생각해요. 제가 만든 운동 영상을 담아두는 곳이죠. 일반 유튜버와 달리 조회 수를 올리려고 매달리지 않아요. 하루 콘텐츠 한 개를 올리는 게 목표예요.

헬스 트레이너에 관심을 가진 계기가 있나요.

봉사활동하려고 헬스 트레이너를 시작했어요.

저는 지방대 사회체육학과에서 대학 생활을 시작했는데, 학벌이 안 좋다 보니 무언가를 해볼 기회가 없었어요. '사회에서 나는 쓸모없는 존재'라는 생각이 들었죠. '방과 후 선생님'을 하려고 이력서를 냈는데 '우리가 널 써야 할 이유가 뭐냐'라는 반응이었어요. 이력서만 보고 저를 판단했고 저라는 사람에게 기회를 주지 않았어요.

그러다가 봉사 동아리에서 '한 부모 자녀 비만 운동 프로그램'이라는 봉사활동을 하게 됐어요. 그때 아이들이 저보고 '선생님'이라고 부르더라고요. 소름이 끼쳤어요. 선생님은 누군가를 가르치고 도움을 주는 사람이고 존경을 받는 존재잖아요. '내가 뭐라고 나를 선생님이라고 부르는 걸까.' 여기에 완전히 심취해서 계속 봉사활동을 했어요. 사체과를 휴학하고 3년 동안 미친 듯이 봉사활동만 했어요. 나중에는 아예 사회복지학을 공부하기 위해 사이버대를 다시 다닐 정도였어요.

그런데 제가 따르던 한 선생님이 '좋아하는 일을 직업으로 택하지 말라'라고 조언해 주셨어요. 사회복지사를 했을 때 이 일이 지겨워지면 감당하기 어려울 거라고 하셨어요. 그래서 일은 따로 하고 봉사활동 차원에서 힘든 친구들을 돕자고 시작한 게 '힘콩의 재미어트' 블로그예요. 헬스장 갈 여유가 없는 친구들이 원룸에서 운동할 수 있게 도와주자는 마음이었죠.

콘텐츠를 만드는 크리에이터에서 사업으로

관심을 확장한 이유는 무엇인가요.

처음 본 인생의 쓴맛이 창업 계기가 됐죠.

군대 전역하고 얼마 안 됐을 때예요. 단칸방에서 힘콩의 재미어트 블로그를 시작했어요. 운동하는 방법을 올리는 블로그였는데, 얼마 안 있어 운동기구 제조업체에서 저를 모델로 쓰고 싶다는 연락을 받았어요. '모델'이라는 말에 귀가 솔깃했죠. (웃음) 모델비도 벌고 운동기구 판매비도 받았어요. 그런데 나중에 알고 보니 계약서를 잘못 써서 그때까지 만든 콘텐츠 저작권이 전부 넘어갔어요. 빚까지 졌고요. 도장을 잘못 찍은 것이었죠.

이때 두 가지를 깨달았어요. 하나는 '나는 쓸모 있는 사람'이라는 것이었어요. 운동기구 사용법을 알려주니 이걸 필요로 하는 사람이 있더라고요. 또 하나는 내가 생각한 아이템이 시장에서 팔린다는 것이었어요.

그래서 창업동아리에 들어가 운동기구를 직접 개발하는 사업을 시작했어요. 창업 경진대회 입상도 했어요. '힘콩스포츠'라는 회사를 시작했고 나중에 '재미어트' 상표를 등록했어요. 그러면서 페이스북과 유튜브도 함께 시작했어요. 운동 콘텐츠를 알리기 위해 영상을 만들어 올렸어요.

수많은 다이어트, 운동 관련 영상 중 힘콩 콘텐츠의 차별점은 무엇인가요.

너무 완벽한 운동은 질려요...힘들고 망가지는 현실성을 추구해요.

다른 사람들은 운동 영상을 어떻게 찍었나 공부했어요. 국내 영상을 보니까 너무 멋있고 완벽하더라고요. 굳이 따라 하고 싶은 마음이 안 들었어요. 멋있다고 감탄은 하지만 따라 하고 싶지는 않더라고요.

해외 영상은 달랐어요. 땀이 나고 표정이 망가져요. 근데 이게 맞거든요. 영어를 못 알아듣는데도 그 영상을 보면 따라 하고 싶어지더라고요.

저는 전문성을 뺀 영상을 만들려고 해요. 운동은 즐겁고 재미있어야 해요. 제가 개그맨이 되는 거예요. '운동계의 개그콘서트'가 돼야 한다고 생각해요. 운동할 때는 망가지는 게 자연스러운 거예요.

마이크 챙이라는 운동 유튜버가 있어요. '식스팩 숏컷'이라는 채널을 운영하는 사람이에요. 이 분에게 자극을 많이 받았어요.

많은 유튜버가 다양한 주제로 콘텐츠를 만듭니다. 힘콩이 운동 영상만 고집하는 이유는 뭔가요.

운동만 하면 지겹다? 고집이 있어야 한다고 봐요.

거의 모든 유튜버가 새로운 콘텐츠 생산을 힘들어할 거예요. 사람들은 새롭고 자극적인 걸 원해요. 하지만 저는 고집스러워야 한다고 생각해요.

저는 TV 프로그램 중 다큐멘터리나 인간극장을 좋아해요. 비주류이긴 해도 마니아층이 있어요. 왜일까요. 그런 콘텐츠를 볼 곳이 거기 밖에 없기 때문이죠. 사람들 인식 속에 '다큐멘터리는 저 채널에 있어'라고 자리를 잡아야 해요.

일종의 '브랜드 파워'인 거죠. 그래서 고집이 있어야 한다고 봐요. 예를 들어 철봉 종류가 3개인데, 기구만 다르고 운동법은 똑같아요. 그럼 사람들은 달라진 게 없다고 말해요. 그렇다고 영상 올리는 걸 그만두면 안 돼요. 홈짐은 운동을 많이 하게 만드는 게 중요해요. 하나를 하면 다른 운동도 하게 만들 수 있어요. 그래서 저는 계속 콘텐츠를 만들어 올려요. 고집스럽게 해요. '철봉=힘콩', '힘콩=철봉'으로 만들려고 해요. 새로운 것만 만들면 자기만의 방향을 잃어요.

유튜브 영상을 통해 운동기구를 팔고 있습니다. 다른 콘텐츠에 비해 광고가 직접적이고 자주 나올 수밖에 없는데 광고 노출을 하면서도 구독자를 유지하는 비결이 있나요.

광고 말 안 하는 유튜버, 답답합니다.

유튜브에 광고성 영상이 나오면 시청자 반응은 똑같아요. '이 사람 돈 벌더니 변했네' '인기 좀 올라가니까 변했네' 이렇게 말해요. 저도 예전에는 이런 말이 두려웠어요. 그런데 어떤 시청자가 제게 일침을 놔줬어요. '당신이 사업가인지 셀럽인지 분명히 하라'라는 거였어요.

제가 예전에 잠깐 아프리카TV에서 방송을 할 때였어요. 생방송 전화연결을 했는데 어떤 중학생 친구가 전화를 해서 이렇게 말하더군요.

'운동하는 법을 알려줘서 고맙다. 그런데 당신이 먹고살지 못하면 이 방송이 없어지지 않느냐. 방송이 없어지면 사람들은 결국 아쉬워한다. 나는 당신을 기억하고 싶으니 돈을 버는 대신 더 많은 콘텐츠를 제공해줘라.'

그러면서 자신이 모은 돈 20만 원을 보내줬어요. 결국 당당하게 돈을 벌라는 말이었어요.

이 말을 듣고 저도 편하게 광고를 하기로 마음먹었어요. '나도 생계유지를 해야 한다. 물건을 좀 팔아도 되겠느냐'라고 시청자에게 물었어요. 그때부터 운동기구를 공개적으로 팔기 시작한 거예요.

전화를 했던 그 친구가 2017년에 고등학교를 졸업했는데, 제가 가족 해외여행을 보내드렸어요. 군대 전역해서도 저희 회사가 건재하면 입사시켜 주기로 약속했어요.

저도 광고 문제로 많이 고민했어요. 광고를 하면 '민심'이 흔들리기 시작해요. '배신이다, 우리 관심을 이용해 돈 벌려고 한다.' 근데 그게 맞거든요. 돈을 버는 대신 좋은 제품을 싸게 팔려고 해요. 몰래 광고하는 게 더 나빠요. 정공법을 쓰는 게 나아요. 만약 광고를 하는 게 싫다면 직업이 있는 상태에서 그냥 셀럽을 해야 해요.

유튜버는 구독자와의 소통이 중요합니다. 소통을 위해 어떤 노력을 하나요.

구독자에게 받은 걸 돌려주려고 해요.

사람들의 관심과 구매가 있어야 회사가 유지돼요. 저희가 250평 공장을 유지하는 것도 시청자 덕분이죠. 체육대회나 즉석만남을 하는 것도 시청자에게 받은 걸 돌려주기 위해서예요.

일 년에 몇 차례 구독자와 봉사활동을 하거나 맛집 탐방을 가는 정도예요.

최근 햄버거가 먹고 싶어서 새벽 2시에 서울 강남에 갔어요. SNS에 '잠

안 오는 사람 모이세요'라고 했더니 15명이나 모이더라고요. 멀리 수원에서 온 분도 있었어요. 햄버거 값만 60만 원 나왔죠. 감사한 마음뿐이에요. 되게 고마워요. 악수하고 사진 찍고 그랬어요. '왜 굳이 나 같은 사람을?' 이런 마음이에요. 이런 감사하는 마음을 가지고 있어야 해요.

광고 플랫폼으로 전락하지 않기 위해서는 소통해야 해요.

'광고 플랫폼'으로 인식되는 순간 유튜브는 망해요. 제가 처음 시작할 때는 블로그가 잘 됐어요. 조금 지나니까 페이스북이 잘 됐고, 지금은 유튜브랑 인스타그램이 잘 돼요. 유튜브도 하나의 플랫폼 사업이죠. 또 다른 매체가 분명히 나올 거예요. 유튜버는 그런 걸 빠르게 캐치해야 해요.

유튜브를 단순히 '돈 벌어보자'라는 마음으로 시작하는 건 말이 안 돼요. 블로그가 망한 건 '정보'가 '광고'가 됐기 때문이에요. 처음부터 돈 벌자고 유튜브에 달려들면 안 된다고 봐요. '유튜브는 다 광고야' 하는 생각이 드는 순간 사람들은 다른 플랫폼으로 갈 거예요.

그래서 유튜버는 소통을 해야 해요. 지금 올린 영상이 광고라는 걸 정확히 말해야 해요. 구독자도 이걸 이해해줘야 하고요.

저는 대신 구독자에게 좋은 서비스를 제공하려고 노력해요. 이벤트로 나간 돈이 한 달에 몇백만 원, 일 년에 몇천만 원이에요. 광고를 받으면 일부를 구독자한테 이벤트로 뿌려요.

너무 욕심을 내서 혼자 다 가지려 하기 때문에 광고라는 걸 밝히지 못

하고 떳떳하지 않게 되는 거예요.

유튜브를 통해 사업을 준비하는 사람에게 조언을 한다면 어떤 말씀을 하고 싶나요.

사업? 혼자 다 하려고 하지 마세요.

유튜브를 이용해 사업을 하려면 너무 욕심을 부려서는 안 돼요. 내가 다 하려고 하지 말고 나를 보완해주는 파트너를 찾는 게 낫다고 생각해요.

최근 요리 방송하시는 분을 만났는데 그릇을 팔겠다는 말씀을 하시더라고요. 그분께 성공하기 어려울 것이라고 조언했어요. '요리하는 분은 그 시간에 요리를 연구해야 한다'라고 말씀해 드렸어요. '접시 만드는 사람과 협업을 해야 한다. 혼자 다 하려는 것은 욕심이다'라고요.

유튜버와 사업가로 큰 성공을 만들고 있습니다. 힘콩의 앞으로의 계획은 무엇인가요.

인생 목표를 위해 유튜브를 활용해요.

저는 체육 교과서를 재미어트로 바꾸고 싶어요. 사람들은 운동기구를 많이 팔았다고 하는데, 저는 관점이 달라요. 사람들이 운동을 시작하게 해줬다고 생각해요.

사람들이 평생 운동을 하게 만들려면 어려서부터 운동을 즐길 수 있게 해줘야 해요. 그래서 재미어트를 교과서로 만들고 싶어요.

개인적 꿈은 재단을 만드는 거예요. 돈을 많이 벌어서 내 건물에 복합문화 공간을 만드는 거죠. 봉사활동 가서 보면, 장애인 인식 개선 활동을 많이 하지만 잘 안돼요. 특별한 날에만 관심을 가져요. 여러 사람들이 모이는 곳에서 교류가 이뤄져야 해요. 모든 사회적 약자가 모여 놀 수 있는 공간을 만들면 인식 개선이 될 거라고 봐요.

유튜브로 인생 역전

초판 1쇄 발행 2019년 5월 2일

지은이 김용주
발행인 정진욱
편집 윤하루
디자인 박마리아

발행처 라디오북
출판등록 2018년 7월 18일 제 2018-000161호
주소 (07295)서울시 영등포구 문래로 20길 14
전화 02-6952-3712
팩스 050-7078-8765
이메일 hello.radiobook@gmail.com

ISBN 979-11-964576-4-8(03320)
값 15,000원

*라디오북은 라디오데이즈의 출판 전문 브랜드입니다.